RUSLAN RUSSIAN 2

A second level communicative Russian course
by John Langran and Natalya Veshnyeva

Ruslan Limited
www.ruslan.co.uk

Acknowledgements

Thanks to Nigel Evans, David Harmer, Jonathan Madden, Håkan Olson, Vivienne Simkins, Steven Wilson, Wikipedia, www.mosmetro.ru, and others for their photographs, and to the Institute of Linguists for their past examination material. Thanks to Tanya Aleksandrova, Stanislav Chernishov, Katie Costello, Ulla Frid, David Knowles, Sergey and Konstantin Kozlov, Mikhail Kukushkin, Tanya Lipatova, Tanya Nousinova, Mats Nystrom, Stella Sevander, Aleksey Yakubovich and others for their suggestions, comments and help.

Thanks to John Albasiny, Natela Atkins, Larissa Belotsvetova, Igor Bunakov, Galina Chirikova, Alex Chubarov, Sergey, Olga and Konstantin Kozlov, Mikhail Kukushkin, Anna Kurchenko, Natasha Lewis and Nikolai and Zhenya Lipatov for their recordings, to Dan Wiener and Maria Thorgevsky for the use of two of their songs, and to Brian Savin for the audio production of the dialogues.

First published 1996
Second edition 2000
Third edition 2007
Reprinted with amendments 2011
©1996, 2000, 2007, 2011 Ruslan
Copyright for the cartoons - Anna Lauchlan

Ruslan 2 Textbook (third edition)   ISBN 978-1-899785-48-3
Ruslan 2 Textbook and CD pack   ISBN 978-1-899785-52-3

Errata
Any errors or amendments will be listed on the Ruslan website at: www.ruslan.co.uk/errata.htm

Accompanying materials
ISBN 978-1-899785-49-0   Ruslan 2 Audio CD. Recordings of dialogues and texts.
ISBN 978-1-899785-23-0   Ruslan 2 Student Workbook with free audio CD.
ISBN 978-1-899785-10-0   Ruslan 2 CD-ROM. Complete interactive version of the
                             Ruslan 2 course.

For Dutch, Chinese, French, German, Greek, Italian, Swedish and other language versions of Ruslan courses, please see the website.

Ruslan Russian 1 - a first level course for beginners.
Ruslan Russian 3 - an advanced course to AS and A2 levels.
The Ruslan Russian Grammar brings together the grammar from all three levels of the Ruslan Russian course - ISBN 978-1-899785-74-2.

Ruslan Limited - www.ruslan.co.uk

105476

INTRODUCTION

Ruslan Russian 2 is for learners of Russian who have completed a beginners course, and takes you to a very good GCSE level and beyond. The combination of Ruslan 1 and Ruslan 2 fully meets the Council of Europe's requirements for certification at A2 level.

Ruslan 2 continues the storyline of Ruslan 1 and builds on the content. The context is modern and communicative, with a concise, systematic approach to the grammar. The ten lessons include:
- a summary of the content of each lesson and a cartoon to introduce the theme
- dialogues to introduce the new vocabulary and structures. The dialogues follow the aventures of Ivan, Vadim, Lyudmila and their Moscow friends, and the "typical foreigner" who has all sorts of problems with life in Russia!
- vocabularies with the new words
- background information in Russian for each lesson
- clear grammatical explanations
- exercises for reading, listening, writing and speaking, including role plays and language games.

At the end of the book you will find a key to the exercises, the texts of the listening passages, a grammar review, and a Russian to English dictionary for Ruslan 1 and Ruslan 2 with approximately 2000 words.

Internet support with supplementary material, updates and links to other useful sites is at **www.ruslan.co.uk/ruslan2.htm**

There is an **Audio CD** with recordings of the dialogues and most of the texts, and an optional **Student Workbook** with 150 additional exercises and a free Audio CD.

The **Ruslan 2 CDRom** integrates all the above into a single interactive multimedia application. Below are some screenshots from the CDRom.

Ruslan 2 CDRom screenshots

CONTENTS	СОДЕРЖАНИЕ

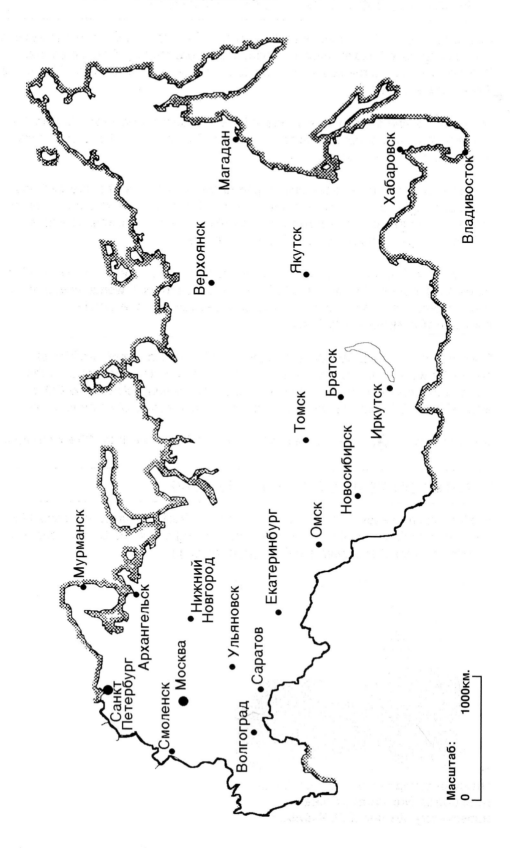

PRONUNCIATION AND STRESS IN RUSSIAN

Russian pronunciation depends on the stress. In words of more than one syllable there is a stressed vowel which is pronounced more strongly than the others. Stressed vowels are marked with an acute accent: **á, é, ý, ю́, ó, я́** etc. The vowel **ё** is always stressed.

Stress marks and the two dots on the letter **ё** are normally only used in texts for learners. You will not have them to help you in Russian authentic texts - books, newspapers or street signs.

For an example of how stress affects pronunciation, consider the stressed and unstressed letter **o**. In the word **вино́** - "wine" , the **o** is stressed and is given its full value. But in the word **проблéма** - "problem", the **o** is unstressed and is reduced. It sounds more like the English "a" in "dad".

The stress in Russian is not regular or predictable. There are a few useful rules (page 142), but usually you have to learn the stress for new words as you meet them. Compound words may have two stressed vowels, for example **са́мообслу́живание** - "self-service".

Once you know the stress, the pronunciation of a Russian word can almost always be worked out from the spelling. There are very few exceptions to the basic pronunciation rules. To improve your pronunciation, listen to the CD or work with the CDRom, repeating the words and phrases as often as you can.

Dialogues marked 🎧⁷ are recorded on the audio CD. The number is the CD track number.

NOTE FOR TEACHERS AND LEARNERS

Ruslan Limited keeps a list of teachers using the Ruslan course, and uses it to help learners find a local teacher. Teachers wanting to join the list and learners looking for a teacher should email info@ruslan.co.uk.

Оди́н из а́второв уче́бника в Ни́жнем
Но́вгороде о́коло па́мятника
изве́стному лётчику В.П. Чка́лову

Zoya Petrovna shows Ivan her family album. Ivan wants to see a photo of Lyudmila. Zoya Petrovna asks about Ivan and his family. Lyudmila and Vadim arrive. Peter telephones for Lyudmila, but she won't speak to him. She wants to listen to a song about a roast chicken that gets loose on Nevsky Prospekt.

In this lesson you will learn:
- ❏ to talk about your family and friends and their interests
- ❏ to talk about people's ages and about getting married.

The grammar includes:
- ❏ adjectives in the accusative singular
- ❏ adjectives in the nominative and accusative plural
- ❏ verbs for getting and being married
- ❏ the use of the dative to express age
- ❏ the instrumental after the verbs **быть** - "to be", **рабо́тать** - "to work as", **интересова́ться** - "to be interested in", etc.
- ❏ the future tense of **быть** - "to be".

There are information items on the popular drink **квас**, and on military service - **вое́нная слу́жба**. The reading passage is about Saint Petersburg - **Санкт-Петербу́рг**, and there is an excerpt from Pushkin's poem **«Ме́дный Вса́дник»** - "The Bronze Horseman" - and a short note about Pushkin himself.

The Ruslan 2 Workbook contains 19 exercises for this lesson, including conversations about music, studies and family, and a text about the early life of V.I. Lenin. The version of this lesson in the Ruslan 2 CDRom contains 29 interactive exercises with sound.

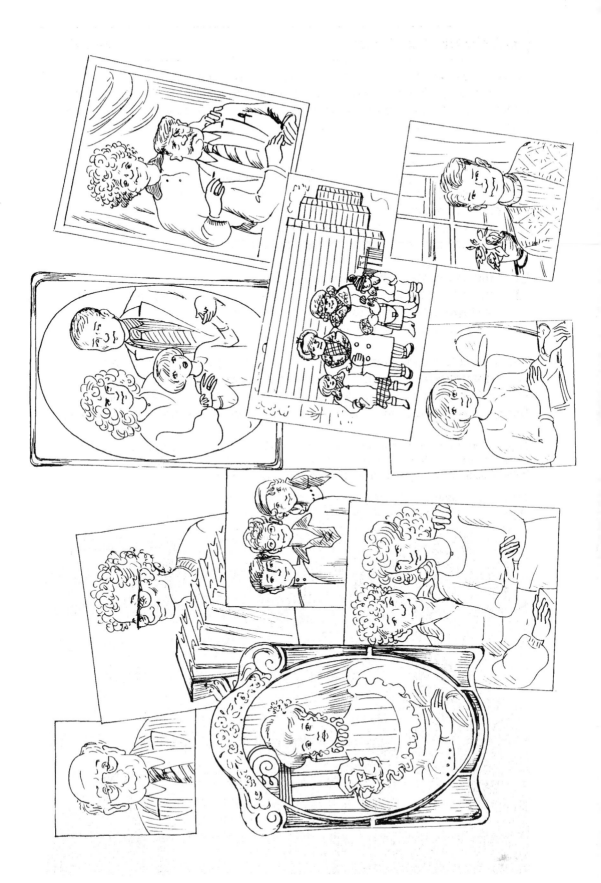

2 В кварти́ре у Зво́новых. Ива́н и Зо́я Петро́вна

Зоя П.: Ива́н, посмотри́! Это наш семе́йный альбо́м.

Иван: Он тако́й ста́рый!

Зоя П.: Да, он о́чень ста́рый. Я его́ получи́ла, когда́ мне бы́ло шестна́дцать лет. Его́ подари́ла мне моя́ ба́бушка. Ива́н, посмотри́ на э́ту краси́вую же́нщину. Это она́, Евдоки́я Льво́вна – молода́я, краси́вая. Ей здесь три́дцать два го́да. Это на её сва́дьбе. Она́ дово́льно по́здно вы́шла за́муж. Я её о́чень люби́ла. Она́ умерла́ два́дцать лет наза́д, когда́ мы жи́ли в Ленингра́де.

Иван: А э́то кто?

Зоя П.: Это мой дя́дя, Серге́й Миха́йлович. Брат отца́. Он то́же давно́ у́мер.

Иван: А я зна́ю, кто э́то. Это мой де́душка Пётр Степа́нович. У ма́мы есть така́я фотогра́фия.

Зоя П.: Да, но там он уже́ о́чень ста́рый. А вот здесь он ещё молодо́й и весёлый с бра́том и сестро́й.

Иван: Он был спортсме́ном?

Зоя П.: Нет, он рабо́тал инжене́ром, но мно́го занима́лся спо́ртом. А мой Вади́м не занима́ется спо́ртом. Это так пло́хо! Он интересу́ется то́лько кино́ и теа́тром.

Иван: Покажи́те э́ту фотогра́фию! Кто э́то?

Зоя П.: Как кто? Это твой оте́ц и твоя́ мать!

Иван: Пра́вда? Да, коне́чно, это они́. Кака́я хоро́шая фотогра́фия!

Па́уза

3 Иван: Зо́я Петро́вна, у вас есть фотогра́фия Людми́лы?

Зоя П.: Нет, у меня́ нет. У Вади́ма есть. А вот смотри́! Зна́ешь, кто э́то?

Иван: Нет, не зна́ю.

Зоя П.: Это мой де́ти. Вади́м и Га́ля. Пра́вда краси́вые? Они́ родили́сь в Ленингра́де. А вот э́то семья́ Га́ли. Это её муж, а э́тот краси́вый ребёнок – её дочь. Моя́ Га́ля уже́ давно́ за́мужем. Её дочь уже́ больша́я, и её сын Бори́с слу́жит в а́рмии. Ты зна́ешь, он о́чень хорошо́ танцу́ет и поёт.

Иван: А ско́лько Вади́му лет?

Зоя П.: Три́дцать пять.

Иван: Ему́ уже́ три́дцать пять лет!

Зоя П.: Ну, коне́чно, а тебе́ ско́лько лет?

Иван: Мне три́дцать оди́н год.

Зоя П.: Ага́! А Та́ня вы́шла за́муж?

Иван: Моя́ сестра́? Нет ещё.

Зоя П.: А ско́лько ей лет?

Иван: Два́дцать четы́ре го́да.

Зоя П.: Она́ ещё молода́я. Чем она́ занима́ется?

Иван: Вы зна́ете, сейча́с о́чень тру́дно найти́ рабо́ту. Она́ сейча́с без рабо́ты.

Звоно́к

Зоя П.: А вот и Людми́ла с Вади́мом! У меня́ в холоди́льнике квас. Хо́чешь попро́бовать?

Вади́м включа́ет ра́дио. Пою́т пе́сню «Цыплёнок жа́реный» *   ⊕ 4

Людми́ла:	Вади́м, заче́м вы включи́ли ра́дио?
Вадим:	Я хочу́ послу́шать но́вости.
Людми́ла:	Да, но э́то не но́вости!
Иван:	Ничего́. Пе́сня хоро́шая. А кто поёт?
Людми́ла:	Не зна́ю. А пе́сня мне нра́вится.
Иван:	А каку́ю му́зыку вы лю́бите, Зо́я Петро́вна?
Зоя П.:	Класси́ческую, коне́чно. И ру́сскую наро́дную му́зыку.

Звони́т телефо́н   ⊕ 5

Вадим:	Алло́! Да! Пи́тер! Вот как! Людми́ла, э́то ваш английский друг!
Людми́ла:	Ой! Скажи́те ему́, что меня́ нет до́ма. Я хочу́ му́зыку послу́шать.
Вадим:	Как хоти́те... Алло́, Пи́тер! Да?... Извини́те, её сейча́с нет. Она́ бу́дет до́ма в пять. Нет, мы слу́шаем ра́дио. Хорошо́. До свида́ния.

семе́йный	family (adj.)	пока́зывать / показа́ть	to show
альбо́м	album	Покажи́те!	Show (me)!
тако́й	so; such	мать	mother
ста́рый	old	де́ти	children
получа́ть / получи́ть	to receive	роди́ться (perf.)	to be born
16 лет	16 years	ребёнок	child
дари́ть / по-	to give (a present)	за́мужем	married (for a woman)
молодо́й	young	служи́ть / по-а́рмия	to serve army
сва́дьба	wedding	танцева́ть / по-	to dance
дово́льно	quite	петь / с-	to sing
выходи́ть за́муж / вы́йти за́муж	to get married (for a woman)	тру́дно	difficult
умира́ть / умере́ть	to die	находи́ть / найти́	to find
наза́д	ago	без (+ gen.)	without
дя́дя	uncle	квас	kvas
оте́ц	father	холоди́льник	fridge
давно́	long ago	про́бовать / по-	to try
де́душка	grandfather	заче́м	why; what for
фотогра́фия	photo	включа́ть / -чи́ть	to turn on
весёлый	jolly	пе́сня	song
спортсме́н	sportsman	цыплёнок	chicken
спорт	sport	жа́реный	roasted
занима́ться / по-	to spend time doing something; to occupy oneself with	слу́шать / по-	to listen to
		но́вости	news
		наро́дный	folk (adj.)
интересова́ться / за-	to be interested in	друг	friend (m.)
		бу́дет	will be
		до́ма	at home

In "Ruslan 2" most verbs are listed in their aspect pairs, imperfective and perfective. For an explanation see lesson 2.

* Слова́ песни «Цыплёнок жа́реный»
Вы найдёте на страни́це:
www.ruslan.co.uk/ruslan2.htm

Квас

Напиток из хлеба и сахара. Квас продаётся в жаркую погоду на улицах прямо из специальных бочек, а в магазинах – в бутылках.

Продажа кваса в Новосибирске

А сколько Вадиму лет?

Русские редко задают такой прямой вопрос о возрасте. В официальной обстановке вы скорее услышите: «Ваш год рождения?»

Военная служба

В настоящий момент (2011 год), все юноши от 18 до 27 лет должны служить в армии один год. Однако, есть исключения. Например, не служат те, кто не прошёл медицинскую комиссию, а студенты университетов могут получить отсрочку.

Молодые люди, которые по религиозным убеждениям не могут брать в руки оружие, могут выбрать альтернативную службу. Такая служба длится не один, а два года.

В России слово «армия» включает авиацию и морской флот.

На параде. Молодой солдат

Now listen to a description of compulsory military service in 2006.
1. What was the length of military service in 2006?
2. Who signed the decree that the length of service should be changed to one year?

Покажи́те э́ту фотогра́фию!   Show me that photo!
Э́тот agrees with the noun that it qualifies. The feminine accusative singular
is э́ту.

Посмотри́ на э́ту краси́вую же́нщину!   Look at this beautiful woman!
In the accusative case, feminine singular adjectives have the ending -ую.

Каку́ю му́зыку вы лю́бите?	What music do you like?
Я люблю́ класси́ческую му́зыку.	I love classical music.
Вы чита́ли э́ту но́вую кни́гу?	Have you read this new book?

краси́вые де́ти - beautiful children
Adjective plural endings are the same for all genders. The nominative plural
ending is -ые or -ие (see spelling rule 1 page 140).

бе́лые но́чи	-	the "White Nights"
молоды́е солда́ты	-	young soldiers
ру́сские де́ньги	-	Russian money

Она́ вы́шла за́муж.   She got married.
Words for "getting" and "being married" are different for men and women.

For a woman:	to get married	выходи́ть / вы́йти за́муж
	she got married	она́ вы́шла за́муж
	she is married	она́ за́мужем
For a man	to get married	жени́ться / пожени́ться
	he got married	он жени́лся *
	he is married	он жена́т

For both, use the same forms as for the masculine
они́ пожени́лись*, они́ жена́ты

* For a note on the use of aspects here
see www.ruslan.co.uk/ruslan2.htm

шестна́дцать лет - sixteen years
When counting years above four, do not use the genitive plural - годо́в.
Instead use лет - "of summers".

оди́н год   два / три / четы́ре го́да   пять лет / мно́го лет

Ско́лько Вади́му лет?   How old is Vadim?
To express ages, use the dative case.

Мне бы́ло шестна́дцать лет
Ей три́дцать два го́да
Вади́му три́дцать пять лет

**Moscow is 850 years old
(A logo from 1997)**

брат отца́ - father's brother
Some masculine nouns have a "fleeting" penultimate -e- or -o- which is lost when
the ending changes. Here оте́ц loses the letter -e- and ребёнок loses the -o-.

оте́ц	-	father	ребёнок	- child
отца́	-	of father	ребёнка	- of the child

Это мой дя́дя.   This is my uncle.
Some masculine nouns and most male diminutive names have feminine
endings. Adjectives and pronouns agreeing with them stay in the masculine.
Some teachers call these "transvestite nouns".

ребёнок / де́ти
The word ребёнок - "a child" - has the plural form де́ти - "children".

Они́ родили́сь в Ленингра́де.   They were born in Leningrad.
In the past tense, reflexive verbs use regular past tense endings plus the
suffix -ся (or -сь after a vowel). There may be stress changes.

Masculine singular: он / я / ты роди́лся
Feminine singular: она́ / я / ты роди́ла́сь
Plural: они́ / мы / вы роди́ли́сь

Он был спортсме́ном?   Was he a sportsman?
The instrumental case is used with быть - "to be" in the past and future, and
with рабо́тать - "to work" (in the sense "to work as").

Он был спортсме́ном.   He was a sportsman.
Он рабо́тал инжене́ром.   He worked as an engineer.
Я рабо́таю учи́телем.   I work as a teacher.

With быть in the past, use the nominative for a permanent state.

Это был брат Серге́я.   It was Sergey's brother.

Он интересу́ется теа́тром.   He is interested in the theatre.
Он занима́лся спо́ртом.   He took part in sport.
The verbs интересова́ться - "to be interested in" - and занима́ться - "to take
part in / to occupy oneself with" are followed by the instrumental.

Чем она́ занима́ется?   What does she do?
чем is the instrumental of что. Tables for что and кто are on page 140.

умира́ть / умере́ть - to die
This has irregular past perfective tense forms. Note the stress changes.

он у́мер - he died   она́ умерла́ - she died   они́ у́мерли - they died

петь - to sing

я пою́, ты поёшь, он / она́ поёт, мы поём, вы поёте, они́ пою́т

танцева́ть - to dance
Most verbs with infinitives in -евать or -овать have a present tense stem in -у.

я танцу́ю, ты танцу́ешь, он / она́ танцу́ет, мы танцу́ем,
                                            вы танцу́ете, они́ танцу́ют
я интересу́юсь, ты интересу́ешься, он / она́ интересу́ется ...

Она́ без рабо́ты.   She is without work.
The preposition без takes the genitive case.

без са́хара - without sugar   без меня́ - without me

Заче́м вы включи́ли ра́дио?   Why did you turn on the radio?
There are two words for "why". Почему́ is used to ask about a reason or cause
and is usually answered by потому́ что - "because". Заче́м is used to ask
about the purpose of an action and can be answered by что́бы - "in order to".

Она́ бу́дет до́ма. **She will be at home.**

This is the future tense of быть - "to be".

я бу́ду, ты бу́дешь, он / она́ бу́дет, мы бу́дем, вы бу́дете, они́ бу́дут

УПРАЖНЕНИЯ	УРОК 1

1. Отве́тьте на вопро́сы

а. Альбо́м но́вый и́ли ста́рый?

б. Где умерла́ ба́бушка Зо́и Петро́вны?

в. Вади́м занима́ется спо́ртом?

г. У кого́ есть фотогра́фия Людми́лы?

д. Ско́лько лет Ива́ну?

е. Зо́я Петро́вна жила́ в Санкт-Петербу́рге?

ж. Сестра́ Ива́на рабо́тает?

з. Каку́ю му́зыку лю́бит Зо́я Петро́вна?

и. Заче́м Вади́м включи́л ра́дио?

2. Найди́те ну́жный глаго́л

а. Зо́я Петро́вна _____ альбо́м от ба́бушки.

б. Ба́бушка Зо́и Петро́вны _____ давно́.

в. Её дя́дя то́же давно́ _____.

г. Пётр Степа́нович _____ инжене́ром.

д. Вади́м не _____ спо́ртом.

е. Ива́н _____ фотогра́фию Людми́лы.

ж. Де́ти Зо́и Петро́вны _____ в Петербу́рге

з. Зо́я Петро́вна _____ класси́ческую му́зыку.

и. Людми́ла _____ поговори́ть с Пи́тером.

у́мер
рабо́тал
не хо́чет
получи́ла
роди́ли́сь
занима́ется
хо́чет
лю́бит
умерла́

3. Кто есть кто?

а. Он хорошо́ поёт.

б. Она́ вы́шла за́муж, когда́ ей бы́ло три́дцать два го́да.

в. Он давно́ у́мер.

г. Ему́ три́дцать пять лет.

д. Она́ не рабо́тает.

е. Она́ сестра́ Вади́ма.

ж. Он роди́лся в Санкт-Петербу́рге.

з. Он был инжене́ром.

Вади́м - Га́ля - Та́ня
Ива́н - Евдоки́я Льво́вна
Пётр Степа́нович - Бори́с
Серге́й Миха́йлович

4. Соста́вьте словосочета́ния

вку́сный	без са́хара
три́дцать два	но́чи
шестна́дцать	де́ти
ма́ленькие	му́зыка
чай	же́нщина
мой	го́да
молодо́й	лет
краси́вая	журнали́ст
наро́дная	дя́дя
слу́жба	квас
бе́лые	в а́рмии

5. **Кем они́ бы́ли? Отве́тьте по образцу́**

а. Пётр Ильи́ч Чайко́вский
б. Юрий Алексе́евич Гага́рин
в. Алекса́ндр Серге́евич Пу́шкин
г. Джон Ке́ннеди
д. Влади́мир Ильи́ч Ле́нин
е. Ру́дольф Хаме́тович Нури́ев
ж. Лев Никола́евич Толсто́й

> писа́тель
> поэ́т
> космона́вт
> революционе́р
> президе́нт Аме́рики
> компози́тор
> танцо́р

Образе́ц: а. Чайко́вский был компози́тором.

ДАВАЙТЕ ПОГОВОРИМ!   УРОК 1

1. **Когда́ вам бы́ло 5/10/15/20/25 и т.д. лет...**
Где вы жи́ли?
Вы игра́ли в футбо́л, в те́ннис и.т.д.?
(Вы найдёте спи́сок ви́дов спо́рта в уче́бнике «Русла́н 1», уро́к 10.)

2. **Игра́ в кругу́. Чем вы интересу́етесь?**
Мари́на говори́т: – Я интересу́юсь му́зыкой.
Степа́н говори́т: – Мари́на интересу́ется му́зыкой, а я
                        интересу́юсь спо́ртом.

и т.д.

3. **Коммуникати́вная зада́ча. О себе́**
Узна́йте у други́х студе́нтов, где они́ роди́ли́сь, где роди́лся /
роди́ла́сь их сын, дочь, брат, сестра́, оте́ц, мать, и т.д.
Узна́йте, где они́ жени́лись / вы́шли за́муж.

4. **Коммуникати́вная зада́ча. Вы хорошо́ танцу́ете?**
Узна́йте у други́х студе́нтов:
– как они́ танцу́ют
– как они́ пою́т
– каку́ю му́зыку они́ лю́бят / не лю́бят
– каки́е та́нцы они́ лю́бят танцева́ть
– каки́е пе́сни они́ лю́бят петь

Та́нцы	Му́зыка
Фокстро́т	Класси́ческая
Вальс	Наро́дная
Рок-н-ролл	Популя́рная (Поп)
Твист	Джаз
Та́нго	
Казачо́к	

5. **Рабо́та в па́рах**
Посмотри́те на рису́нки (стр. 9). Прослу́шайте ещё раз диало́ги
и реши́те, кто есть кто.

6. **Рабо́та в па́рах. Геро́и на́шего уче́бника**
Что вы зна́ете о на́ших геро́ях?

Зада́йте друг дру́гу вопро́сы, снача́ла
с по́мощью уче́бника, пото́м
самостоя́тельно.
Наприме́р:
– Ива́н из Москвы́?
– Нет, он из Сара́нска.
– Вади́м бизнесме́н?
– Нет, он кинокри́тик.
– Ско́лько лет Ива́ну?
– Ему́ три́дцать оди́н год.
и т.д.

7. **Коммуникати́вная зада́ча**
Принеси́те в класс фотогра́фии свое́й семьи́ и расскажи́те о них.
Зада́йте друг дру́гу вопро́сы о семье́. Пото́м расскажи́те други́м
студе́нтам о том, что вы узна́ли друг о дру́ге.

8. **Языкова́я игра́. Я люблю́ кра́сную икру́**
Преподава́тель пока́зывает предме́ты (и́ли
фотогра́фии, и́ли рису́нки предме́тов).
Студе́нты смо́трят на предме́ты
и запомина́ют их. Зате́м преподава́тель
кладёт предме́ты в су́мку.
Начина́ется разгово́р:
– У вас в су́мке есть кра́сная икра́?
– Да, есть.
– Хорошо́, я о́чень люблю́ кра́сную икру́!
Да́йте, пожа́луйста, кра́сную икру́!

> кра́сная икра́
> чёрная икра́
> ру́сская во́дка
> францу́зское вино́
> англи́йское пи́во
> фрукто́вый сок
> чёрный хлеб
> грузи́нский чай
> и т.д.

9. **Достопримеча́тельности Санкт-Петербу́рга**
Посмотри́те на фотогра́фии на страни́це 8. Реши́те, что есть что:
Ме́дный Вса́дник - Кре́йсер «Авро́ра» - Дворцо́вая пло́щадь
Эрмита́ж - Теа́тр в Эрмита́же - Петропа́вловская кре́пость
Исаа́киевский собо́р - Собо́р «Спас-на-крови́»

ДАВАЙТЕ ПОСЛУШАЕМ!

Прослу́шайте диало́г и отве́тьте на вопро́сы 7
а. Зо́я Петро́вна ду́мает, что Ива́н жена́т?
б. Ско́лько лет Ива́ну?
в. У Ива́на есть кварти́ра?
г. Зо́я Петро́вна хорошо́ зна́ет семью́ свое́й сестры́ в Сара́нске?

ПИШИТЕ!

Напиши́те два сочине́ния
а. Моя́ семья́.
б. Геро́и на́шего уче́бника.

Что вы знаете о Санкт-Петербурге? Постарайтесь ответить на следующие вопросы:

а. Каково население города?
б. Санкт-Петербург находится на море?
в. Кто основал Санкт-Петербург?
г. Что такое «белые ночи»?
д. Что такое Эрмитаж?
е. Почему город иногда называют «Северная Венеция»?
ж. Как назывался этот город в 18-ом веке?
з. Как назывался этот город в 1917-ом году?
и. Как назывался этот город в 1945-ом году?

Теперь прочитайте и прослушайте текст. Там вы найдёте ответы.

8

САНКТ-ПЕТЕРБУРГ

Санкт-Петербург – очень красивый и интересный город. Его основал в 1703-ем году царь Пётр Первый как новую столицу России. Памятник Петру можно увидеть на берегу реки Невы недалеко от Исаакиевского собора. Пётр назвал новый город «Санкт-Петербург».

Но город несколько раз менял своё название. Во время первой мировой войны его называли «Петроград». И именно как Петроград он встретил Октябрьскую революцию. После смерти Ленина в 1924-ом году городу дали название «Ленинград». Потом в 1991-ом году ему решили вернуть название – «Санкт-Петербург».

Сейчас Санкт-Петербург – второй после Москвы город России. Там живёт около пяти миллионов человек. Это крупный индустриальный и культурный центр, важный морской порт.

В Санкт-Петербурге много рек и каналов, и вокруг него около сорока островов. Поэтому его и называют иногда «Северная Венеция», а его символом является корабль.

В городе много музеев, театров, парков и садов. Там также находится самый большой музей России – Эрмитаж. Он известен во всём мире. В его коллекции – картины Леонардо да Винчи, Рафаэля, Рембранта, французских импрессионистов.

Санкт-Петербург особенно красив в период белых ночей. В июне и в начале июля солнце едва заходит, и ночью светло, как днём.

Можно приехать в Санкт-Петербург поездом или на машине из Москвы. В городе также есть международный аэропорт. Но, конечно, самое приятное путешествие будет на корабле.

Па́мятник Петру́ Пе́рвому «Ме́дный Вса́дник»

Отры́вок из поэ́мы Пу́шкина «Ме́дный Вса́дник»:

Люблю́ тебя́, Петра́ творе́нье,
Люблю́ твой стро́гий, стро́йный вид,
Невы́ держа́вное тече́нье,
Берегово́й её грани́т,
Твои́х огра́д узо́р чугу́нный,
Твои́х заду́мчивых ноче́й
Прозра́чный су́мрак, блеск безлу́нный,
Когда́ я в ко́мнате мое́й
Пишу́, чита́ю без лампа́ды,
И я́сны спя́щие грома́ды
Пусты́нных у́лиц, и светла́
Адмиралте́йская игла́, ...

И не пуска́я тьму ночну́ю
На золоты́е небеса́,
Одна́ заря́ смени́ть другу́ю
Спеши́т, дав но́чи полчаса́.

I love you, creation of Peter, I love
your stern, elegant view, the majestic
flow of the Neva, her granite bank,
the iron pattern of your railings, the
transparent twilight, the moonless
glow of your pensive nights, when in
my room I am writing, reading
without a lamp, and the sleeping
buildings of your desolate streets
are clearly visible, and the Admiralty
spire is lit up, ...

And without letting the dark of the
night on to the golden skies,
one dawn hurries to relieve the other,
giving half an hour to the night.

The full recording, text and translation of this epic poem is available from Ruslan Limited either as an audio CD or as an interactive CDRom. www.ruslan.co.uk/advanced.htm

**Портре́т Пу́шкина.
П.Ф. Соколо́в, 1836**

Алекса́ндр Серге́евич Пу́шкин

Вели́кий ру́сский поэ́т. Роди́лся в Москве́ в 1799-ом году́ в дворя́нской семье́. Учи́лся в лице́е в Ца́рском Селе́. Написа́л мно́жество расска́зов, стихотворе́ний и поэ́м, включа́я «Русла́н и Людми́ла», «Цыга́ны», и рома́н в стиха́х «Евге́ний Оне́гин». Пу́шкин был бли́зок к декабри́стам и не́сколько раз был отпра́влен в ссы́лку за антиправи́тельственные стихи́.

Он был уби́т на дуэ́ли в 1837-ом году́.

Peter, Ivan and Lyudmila are all doing things at the Post Office. Then they all meet up! Lyudmila introduces her two admirers to each other, and Peter invites everyone to Macdonalds. Meanwhile the **типичный иностранец** wants to change some money.

In this lesson you will learn:
- ❏ words you need in a Russian post office and when changing money.

The grammar includes:
- ❏ nouns in the dative, instrumental and prepositional plural, and a summary of the plural endings of nouns and pronouns in all six cases.
- ❏ the perfective and imperfective aspect of verbs
- ❏ ordinal numbers: **первый, второй ...** - "first, second ...", etc.

The information items are: **почта** - the Post Office, **обмен валюты** - currency exchange, and **Макдональдс и быстрое питание** - Macdonald's and fast food. The reading exercise is a Moscow restaurant guide.

The student workbook contains 15 additional exercises for this lesson, including conversations with a student about her mother and about money. The Ruslan 2 CDRom version of the lesson contains 28 interactive exercises with sound.

Почтовый ящик

Письмо

Почта приехала!

Открытка

🎧₁₁ На по́чте. Пи́тер покупа́ет конве́рты и ма́рки

Рабо́тник по́чты:	Что вам?
Пи́тер:	Да́йте, пожа́луйста, де́сять конве́ртов.
Раб.по́чты:	Вот, пожа́луйста.
Пи́тер:	А други́е у вас есть? Э́ти о́чень некраси́вые.
Раб.по́чты:	Пожа́луйста, выбира́йте.
Пи́тер:	А конве́рты с ма́рками у вас есть?
Раб.по́чты:	Нет.
Пи́тер:	Тогда́ да́йте ма́рки то́же. Мне ну́жно посла́ть пи́сьма в Англию.
Раб.по́чты:	Выбира́йте.
Пи́тер:	А здесь мо́жно купи́ть откры́тки?
Раб.по́чты:	Пожа́луйста. Каки́е вам?
Пи́тер:	У вас есть откры́тки с ви́дами Москвы́?
Раб.по́чты:	Нет. То́лько э́ти.

🎧₁₂ Ива́н посыла́ет посы́лку и телегра́мму

Ива́н:	Мо́жно посла́ть посы́лку в Сара́нск?
Раб.по́чты:	Здесь нельзя́. Здесь то́лько телегра́ммы. Посы́лки и бандеро́ли - деся́тое окно́.
Ива́н:	Мне та́кже на́до посла́ть телегра́мму.
Раб.по́чты:	Вот вам бланк.
Ива́н:	У меня́ уже́ есть бланк. Вот, пожа́луйста.
Раб.по́чты:	Раз, два, три... шесть слов. Хорошо́. А кому́ вы посыла́ете телегра́мму?
Ива́н:	Роди́телям в Сара́нск. А что?
Раб.по́чты:	А где а́дрес?
Ива́н:	Ой, извини́те, я забы́л написа́ть а́дрес.

🎧₁₃ Людми́ла звони́т по телефо́ну

Людми́ла:	Отсю́да мо́жно позвони́ть в Со́фрино?
Раб.по́чты:	Коне́чно. Како́й телефо́н?
Людми́ла:	245-67-84.
Раб.по́чты:	Хорошо́. Подожди́те. Э́то втора́я каби́на.
Людми́ла:	А ждать на́до до́лго?
Раб.по́чты:	Пять мину́т.
Людми́ла:	А где мо́жно получи́ть пи́сьма до востре́бования?
Раб.по́чты:	Пе́рвое окно́.

🎧₁₄ Людми́ла получа́ет пи́сьма

Людми́ла:	Скажи́те пожа́луйста, мне есть пи́сьма?
Раб.по́чты:	Ва́ша фами́лия?
Людми́ла:	Ки́сина Людми́ла Алекса́ндровна.
Раб.по́чты:	Сейча́с... Да, вам есть два письма́. Покажи́те, пожа́луйста, докуме́нт...

Какой сюрприз! 🎧 15

Пи́тер/Ива́н: Людми́ла!!! Что вы здесь де́лаете?

Людми́ла: Ой! Пи́тер! Ива́н! Вы меня́ испуга́ли! Вы знако́мы?
Коне́чно, нет! Познако́мьтесь. Ива́н, э́то Пи́тер. Пи́тер, э́то
Ива́н. Пойдёмте отсю́да!

Пи́тер: Я о́чень рад! Я приглаша́ю вас в «Макдо́нальдс».

Ива́н: С удово́льствием! Это всё о́чень интере́сно! Людми́ла,
я хочу́ поговори́ть с ва́ми о фотогра́фиях Зо́и Петро́вны.

Типи́чный иностра́нец хо́чет поменя́ть де́ньги 🎧 16

Иностра́нец: Скажи́те пожа́луйста, где здесь обме́н валю́ты?

Прохо́жий: Очень про́сто. Иди́те пря́мо и нале́во. Там у́лица Арба́т.
На углу́ рестора́н «Пра́га». В э́том райо́не не́сколько
пу́нктов.

Прохо́жая: Нет, нет! Ближа́йший пункт на ста́нции метро́. Вы зна́ете
Алекса́ндровский сад?

Иностра́нец: Да, коне́чно.

Прохо́жая: Там на ста́нции нахо́дится обме́нный пункт.

Иностра́нец: Спаси́бо большо́е. До свида́ния.

Прохо́жий: Одну́ мину́тку! Скажи́те, вы хоти́те поменя́ть до́ллары?

Иностра́нец: Нет, фу́нты.

Прохо́жий: Хорошо́. Иди́те в Алекса́ндровский сад...

Прохо́жая: Да, не на́до меня́ть де́ньги на у́лице. Поменя́йте в пу́нкте.

Иностра́нец: Да, пра́вильно. До свида́ния.

рабо́тник	worker	ждать / подожда́ть	to wait
по́чта	the post	каби́на	cabin
конве́рт	envelope	мину́та	a minute
друго́й	other	до востре́бования	poste restante
некраси́вый	ugly	докуме́нт	(identity) document
выбира́ть / вы́брать	to choose	пуга́ть / испуга́ть	to frighten
ма́рка	a stamp	знако́миться / по-	to get acquainted
посыла́ть / посла́ть	to send	меня́ть / по-	to change (something)
письмо́	letter	обме́н	exchange
пи́сьма	letters	валю́та	hard currency
покупа́ть / купи́ть	to buy	прохо́жий	passer-by (m.)
откры́тка	postcard	прохо́жая	passer-by (f.)
вид	view	про́сто	it is simple
посы́лка	parcel	у́гол	corner
телегра́мма	telegram	райо́н	region
бандеро́ль (f.)	printed matter (by post)	пункт	point
		ближа́йший	nearest
окно́	window	находи́ться (imp.)	to be situated
та́кже	also	обме́нный	exchange (adj.)
бланк	form	до́ллар	dollar
сло́во	word	фунт	pound
роди́тель (m.)	parent	пра́вильно	correct
забыва́ть / забы́ть	to forget		
писа́ть / написа́ть	to write		

🎧 17 Почта в России

Письма и посылки можно посылать с почты. С телеграфа можно звонить и посылать телеграммы и факсы. Поскольку в Российской Федерации так много удалённых районов, люди всё ещё посылают телеграммы своим родственникам и друзьям.

На почте обычно можно купить конверты и открытки. Открытки также можно купить в книжных магазинах. На почте можно получать письма до востребования. В последнее время во многих почтовых отделениях начали открывать ПКД (пункты коллективного доступа населения к интернету).

Русские почтовые марки

Ordinal numbers (first, second, third, etc.)	
первый	шестнадцатый
второй	семнадцатый
третий	восемнадцатый
четвёртый	девятнадцатый
пятый	двадцатый
шестой	двадцать первый
седьмой	двадцать второй
восьмой	тридцатый
девятый	сороковой
десятый	пятидесятый
одиннадцатый	шестидесятый
двенадцатый	семидесятый
тринадцатый	восьмидесятый
четырнадцатый	девяностый
пятнадцатый	сотый

Обмен валюты

В Москве́ и в Санкт-Петербу́рге есть
дово́льно мно́го обме́нных пу́нктов.
Они́ нахо́дятся в райо́нах, где мно́го
тури́стов. Та́кже есть госуда́рственные
пу́нкты на не́которых ста́нциях метро́.
В други́х города́х мо́жно поменя́ть
валю́ту в ба́нках, где вы уви́дите
объявле́ние: «Обме́н валю́ты».

Е́сли вы хоти́те воспо́льзоваться
креди́тной ка́рточкой, вы мо́жете
получи́ть рубли́ в банкома́тах, кото́рые,
как пра́вило, нахо́дятся внутри́ ба́нка
и́ли о́коло вхо́да в банк.

К сожале́нию, на рабо́ту банкома́тов
мо́жет влия́ть росси́йская специ́фика.
Они́ мо́гут не рабо́тать, когда́ си́льный
моро́з (ми́нус 30 гра́дусов и́ли ни́же).

Макдональдс

Пе́рвый Макдо́нальдс откры́лся в
Москве́ в 1990 году́. С тех пор в
стране́ откры́лся це́лый ряд за́падных
и оте́чественных рестора́нов бы́строго
пита́ния (фаст-фуд).

Из оте́чественных рестора́нов одни́м
из са́мых популя́рных явля́ется
«Ру́сское Бистро́». Рекоменду́ем Вам
их пирожки́ с капу́стой!

ГРАММАТИКА

писа́ть / написа́ть - to write

In the present tense this has a stem ending in -ш, and a stress change after
the first person singular.

    я пишу́, ты пи́шешь, он / она́ пи́шет, мы пи́шем, вы пи́шете, они́ пи́шут

Stress and meaning

Sometimes the stress of a word has an important effect on its meaning.
For example with письмо́ - "a letter":

| письма́ | - | of the letter (genitive singular) |
| пи́сьма | - | letters (nominative plural) |

Plural noun endings
This lesson introduces the dative, instrumental and prepositional of plural nouns, and further examples of the genitive. You have now met all cases in the plural.

Nouns in the nominative and accusative plural

Most masculine and all feminine nouns use -ы or -и:	биле́ты	- tickets
	кни́ги	- books
Neuter nouns use -a or -я:	пи́сьма	- letters
Some masculine nouns use -á or -я́:	дома́	- houses

(The accusative endings of plural animate nouns are the same as the genitive)

Masculine nouns in the genitive plural

Most add -ов	парк	- мно́го па́рков
Nouns in -й change this to -ев	трамва́й	- мно́го трамва́ев
Nouns in -ь change this to -ей	автомоби́ль	- мно́го автомоби́лей

(For exceptions see www.ruslan.co.uk/ruslan2.htm)

Feminine nouns in the genitive plural

Most lose the -a	река́	- мно́го рек
Sometimes they insert -o- or -e-	де́вушка	- мно́го де́вушек
Nouns in -ь change this to -ей	пло́щадь	- мно́го площаде́й
Nouns in -ия change this to -ий	ста́нция	- мно́го ста́нций

Neuter nouns in the genitive plural

These lose the -o	сло́во	- шесть слов
Nouns in -e change this to -ей	мо́ре	- мно́го море́й
Nouns in -ие change this to -ий	зда́ние	- мно́го зда́ний

Nouns in the dative plural use -ам or -ям for all genders
родителям в Сара́нск   -   to my parents in Saransk
Nouns in the instrumental plural use -ами or -ями for all genders
с ви́дами Москвы́   -   with views of Moscow
Nouns in the prepositional plural use -ах or -ях for all genders
поговори́ть о фотогра́фиях -   to talk about the photographs

Plural endings of pronouns
This summary includes dative, instrumental and prepositional forms which you have not met before in this course.

Nominative	вы	мы	они́		
Accusative	вас	нас	их		
Genitive	вас	нас	их	After prepositions, the forms их, им, и́ми
Dative	вам	нам	им	become них, ним, ни́ми
Instrumental	ва́ми	на́ми	и́ми	Она́ живёт у них.	She lives at their place.
Prepositional	вас	нас	них	Мы бы́ли с ни́ми.	We were with them.

Я хочу́ поговори́ть с ва́ми о фотогра́фиях.
I want to talk to you about the photographs.
Эта пе́сня о нас.   This song is about us.

Verb aspects. The infinitive

Most verbs in Russian have two infinitives, one for each aspect. Use the imperfective infinitive when you are talking in general:

Де́ньги на́до меня́ть в обме́нных пу́нктах.

You should change money at exchange points.

(You are talking in general terms, not about a particular event.)

Use the perfective infinitive for a single, complete action:

Вы хоти́те поменя́ть до́ллары?   Do you want to change dollars?

(You will do it once only, a single event)

The imperfective aspect is used for the present tense. It is also used for the past and for the future when you are not stressing that an action is completed.

The perfective aspect is used for single or completed actions, in the past and in the future.

Imperfective	Perfective		
говори́ть	поговори́ть	to speak / talk	These verbs form the perfective by adding a prefix
де́лать	сде́лать	to do	
меня́ть	поменя́ть	to change (money etc.)	
писа́ть	написа́ть	to write	
пуга́ть	испуга́ть	to frighten	
выбира́ть	вы́брать	to choose	These verbs form the perfective by contraction or by changing the infinitive ending
забыва́ть	забы́ть	to forget	
получа́ть	получи́ть	to receive	
посыла́ть	посла́ть	to send	
говори́ть	сказа́ть	to say / tell	These two verbs are exceptions
покупа́ть	купи́ть	to buy	

Sometimes the translation into English of the imperfective and perfective aspect of the same verb is different because of the fact that the perfective action is complete.

сдава́ть экза́мен	to take an exam	- imperfective
сдать экза́мен	to pass an exam	- perfective
опа́здывать на по́езд	to be late for a train (but you might still get there!)	- imperfective
опозда́ть на по́езд	to miss the train	- perfective

Examples of aspects in use. Are they imperfective or perfective?

Я люблю́ писа́ть.	I love writing.
Я хочу́ написа́ть ей письмо́.	I want to write a letter to her.
Вы е́ли суп?	Have you had any soup to eat?
Вы съе́ли суп?	Have you eaten all the soup?
Вы купи́ли э́ти ро́зы?	Did you buy these roses?
Да, я купи́л их.	Yes, I bought them.
Что вы де́лали на ры́нке?	What were you doing at the market?
Я покупа́л ро́зы.	I bought / was buying some roses.
Что вы де́лали в суббо́ту?	What did you do on Saturday?
Я рабо́тал в саду́.	I was working in the garden.

1. Отве́тьте на вопро́сы

а.	Кто посыла́ет телегра́мму?	Пи́тер / Ива́н / Людми́ла
б.	Кто покупа́ет ма́рки?	Пи́тер / Ива́н / Людми́ла
в.	Кто хо́чет посла́ть посы́лку?	Пи́тер / Ива́н / Людми́ла
г.	Кто покупа́ет конве́рты?	Пи́тер / Ива́н / Людми́ла
д.	Кто покупа́ет откры́тки?	Пи́тер / Ива́н / Людми́ла
е.	Кто хо́чет позвони́ть в Со́фрино?	Пи́тер / Ива́н / Людми́ла
ж.	Кто получа́ет пи́сьма?	Пи́тер / Ива́н / Людми́ла
з.	Кто хо́чет поменя́ть до́ллары?	Иностра́нец / Прохо́жий
и.	Кто хо́чет поменя́ть фу́нты?	Иностра́нец / Прохо́жий

2. Вы́берите слова́

а. Пи́тер покупа́ет де́сять _____
и де́сять _____ .
б. Он покупа́ет откры́тки _____ Москвы́.
в. Ива́н хо́чет посла́ть _____ в Сара́нск.
г. Он посыла́ет телегра́мму _____ .
д. Он _____ написа́ть а́дрес.
е. Людми́ла хо́чет получи́ть _____ .
ж. Она́ получа́ет два _____ .
з. Ива́н хо́чет поговори́ть _____ .

телегра́мму
письма́
пи́сьма
ма́рок
о фотогра́фиях
конве́ртов
забы́л
с ви́дами
роди́телям

3. О ком? / С кем? / Кому́?
Отве́тьте на вопро́сы, испо́льзуя да́нные слова́

а. Кому́ вы пи́шите письмо́?
б. Кому́ вы звони́те?
в. О ком вы ду́маете?
г. С кем вы живёте?
д. С кем вы рабо́таете?

роди́тели
колле́ги
де́вушки
друзья́
клие́нты
де́ти
солда́ты
ма́льчики
студе́нты
директора́

4. Соста́вьте словосочета́ния

буке́т	пункт
пе́сня	докуме́нт
обме́н	с пассажи́рами
креди́тная	к интерне́ту
конве́рт	с коммуни́стами
фальши́вый	роз
ближа́йший	о ро́зах
авто́бус	с макаро́нами
пакт	с ма́рками
бифште́кс	валю́ты
до́ступ	ка́рта

5. Ви́ды глаго́ла. Впиши́те глаго́лы в ну́жной фо́рме

а. Ка́ждый день я _____ газе́ту, но вчера́
   я та́кже _____ журна́л.   покупа́ть / купи́ть

б. Ка́ждый ме́сяц я _____ де́ньги сестре́, но   посыла́ть / посла́ть
   в а́вгусте я та́кже _____ ей конфе́ты.

в. Пи́тер обы́чно _____ де́ньги в ба́нке,   меня́ть / поменя́ть
   но вчера́ банк был закры́т. Он _____
   сто фу́нтов на ста́нции метро́.

г. Он обы́чно _____ сестре́ пи́сьма, но вчера́   писа́ть / написа́ть
   он хоте́л поговори́ть с ней. Он ей _____ .   звони́ть / позвони́ть

ДАВА́ЙТЕ ПОГОВОРИ́М!

1. Игра́ в кругу́. О чём вы ду́маете?

Ми́ша говори́т: — Я ду́маю о клие́нтах.
Ири́на говори́т: — Ми́ша ду́мает о клие́нтах, а я ду́маю о маши́нах.
и т.д.

> клие́нты - ро́зы - футболи́сты - маши́ны
> пи́сьма - де́ти - роди́тели - и т.д.

2. Рабо́та в па́рах. В Москве́ мно́го ...

Пе́рвый спра́шивает: — В Москве́ есть тури́сты?
Второ́й отвеча́ет: — Коне́чно! В Москве́ мно́го тури́стов.
и т.д.

> тури́сты - студе́нты - диплома́ты - пенсионе́ры - шофёры
> маши́ны - авто́бусы - тролле́йбусы - трамва́и - магази́ны
> у́лицы - вокза́лы - па́мятники - пло́щади - собо́ры
> достопримеча́тельности - и т.д.

3. Игра́ с ка́рточками

Сде́лайте ка́рточки с вопро́сами и со слова́ми из упражне́ния 3
на страни́це 28. Оди́н студе́нт пока́зывает ка́рточку с вопро́сом.
Друго́й пока́зывает ка́рточку с существи́тельным. На́до дать
по́лный отве́т с пра́вильным оконча́нием.

КОЛЛЕГИ

Кому́ вы пи́шете письмо́?

— Я пишу́ письмо́ колле́гам!

4. Игра́ в кругу́. По́чта и телегра́ф

Окса́на говори́т: – Я хочу́ посла́ть телегра́мму в Минск.

Леони́д говори́т: – Окса́на хо́чет посла́ть телегра́мму в Минск, а я хочу́ позвони́ть в Томск.

и т.д.

5. Расскажи́те! Кому́ вы хоти́те посла́ть письмо́? О чём?

Расскажи́те преподава́телю и́ли други́м студе́нтам о том, кому́ вы хоти́те посла́ть письмо́ / позвони́ть и что вы хоти́те им сказа́ть / написа́ть.

6. Ролева́я зада́ча в па́рах. На по́чте

> **Клие́нт**
> Хо́чет посла́ть два письма́ в Англию.
> Хо́чет купи́ть конве́рты и ма́рки.
> Хо́чет посла́ть посы́лку в Азербайджа́н.
> Хо́чет прове́рить электро́нную по́чту.

> **Рабо́тник по́чты**
> Конве́рты сто́ят 10 рубле́й.
> Ма́рки для письма́ в Англию сто́ят 25 рубле́й.
> Посы́лки - э́то деся́тое окно́.
> Компью́терный пункт закры́т на ремо́нт.

7. Кто сказа́л...?

Спроси́те друг у дру́га, кто сказа́л или написа́л сле́дующее:

«Быть и́ли не быть? Вот в чём вопро́с!»

«Ба́бушка, каки́е у вас больши́е зу́бы!»

«Учи́ться, учи́ться и ещё раз учи́ться!»

«Я слы́шу и забыва́ю. Я ви́жу и запомина́ю. Я де́лаю и мне поня́тно.»

«Пролета́рии всех стран, соединя́йтесь!»

«Нева́жно, кто как голосу́ет. Ва́жно, кто счита́ет!»

«У нас страна́ огро́мных возмо́жностей не то́лько для престу́пников, но и для госуда́рства.»

«Я Вас лювби́л: любо́вь ещё, быть мо́жет, В душе́ мое́й уга́сла не совсе́м; ...»

> Влади́мир Ильи́ч Ле́нин - Ио́сиф Ста́лин - Га́млет - Карл Маркс
> В.В. Пу́тин - А.С. Пу́шкин - Кра́сная Ша́почка - Кита́йский фило́соф

8. Вы́учите анекдо́т

Встре́тились три президе́нта: америка́нец, францу́з и ру́сский.

Францу́з говори́т: – У меня́ де́сять любо́вниц, одна́ из них моя́ жена́, но кто – я не зна́ю.

Америка́нец говори́т: – У меня́ де́сять мини́стров, оди́н из них аге́нт КГБ, но кто – я не зна́ю.

Ру́сский говори́т: – У меня́ де́сять сове́тников, оди́н из них экономи́ст, но кто – я не зна́ю.

Работа в группе

Вы хотите пойти в ресторан. У вас список ресторанов «Городской Гид».
В группе, договоритесь о том, в какой ресторан пойти и почему именно
в этот ресторан.

ГОРОДСКОЙ ГИД:
РЕСТОРАНЫ

«САДКО»
Обычный ассортимент в стиле
русской кухни, всегда есть
свободные места.
Пушкинская ул.,4/2 -
тел.292-34-39

«КРОПОТКИНСКАЯ, 36»
Первый в Москве кооперативный
ресторан, стандартная русская
еда, высокие цены.
Ул. Кропоткинская, 36
тел. 201-75-00

«КОЛХИДА»
Приходите со своим вином и
приготовьтесь потанцевать.
Хорошая грузинская кухня.
Садовая-Самотечная, 6,
корпус 2
тел. 299-67-57

«ХРАМ ЛУНЫ»
Маленький китайский ресторанчик
с хорошей кухней и приветливым
обслуживающим персоналом.
Особенно вкусные мясо и морковь.
Ул. Семашко, 1
тел. 291-04-01
Недалеко ирландский паб
«Рози О'Грэди».

«ГАЛАКСИ»
Английский ресторан, деревянная
отделка, отличное английское
пиво. После полуночи – публика
определённого рода.
Сельскохозяйственный пер., 2
тел. 181-20-74

ДАВАЙТЕ ПОСЛУШАЕМ!

Прослушайте диалог и ответьте на вопросы   🎧21

а.   Куда идёт Вадим?
б.   Куда надо послать посылку?
в.   Что надо купить?
г.   Кто забыл написать адрес на посылке?
д.   Как фамилия Олега?
е.   Какой у него адрес?

Peter, Ivan and Lyudmila are in McDonald's talking about the weather in Russia, in Britain, and in the Crimea. They go outside because the weather is fine. Peter refuses a cigarette, and talks to Ivan about cars.

In this lesson you will learn:
- ❑   words you need when talking about the weather
- ❑   to make comparisons between Russia and Britain
- ❑   to say what you like doing at different times of the year.

The grammar includes:
- ❑   **что** as a conjunction to join two parts of a sentence
- ❑   comparative adjectives and adverbs
- ❑   numbers in the genitive case.
- ❑   instrumental forms **но́чью** - "at night", **весно́й** - "in spring", etc.

The information items include an extract from the **Алекса́ндр Блок** poem **«Двена́дцать»** - "The Twelve" - and a text about **Крым** - the Crimea.

The listening exercise is a Moscow weather forecast and the reading passage is a description of the weather in the Russian Federation.

The student workbook contains 14 additional exercises for this lesson, including conversations with Misha and Oksana about the weather in Yakutiya and in Kareliya. The Ruslan 2 CDRom version of this lesson contains 30 interactive exercises with sound.

Нельзя́ оставля́ть маши́ну на у́лице, осо́бенно зимо́й

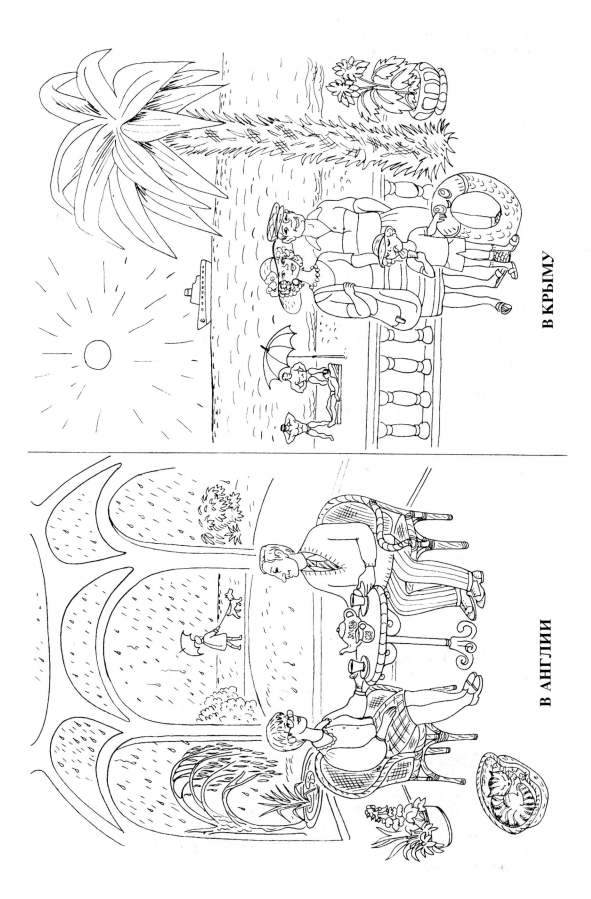

В КРЫМУ

В АНГЛИИ

22 Иван, Людмила и Питер в «Макдональдсе»

Иван: Это правда, что англичане всё время говорят о погоде?

Питер: Да, англичане чаще говорят о погоде, чем русские.

Иван: Интересно, почему?

Питер: Наверно, потому что в Англии погода часто меняется и есть о чём поговорить. А какой климат в Саранске?

Иван: В Саранске, как и в Москве, климат континентальный. Холодная, снежная зима. До тридцати градусов мороза. Потом короткая весна и жаркое лето. Люда, а какое время года вы больше любите?

Людмила: Я люблю зиму. Особенно ночью, когда снег. «Чёрный вечер, белый снег, ветер, ветер...»

Питер: А я знаю эту поэму. Александр Блок. «Двенадцать».

Людмила: Да. Вы хорошо знаете русскую литературу?

Питер: Неплохо.

Иван: Это правда, что в Лондоне всегда туман и часто идёт дождь?

Питер: Дождь - да, но туман - это ерунда. У нас мало тумана. Меньше, чем в Санкт-Петербурге.

23

Людмила: Иван был недавно в Лондоне.

Иван: Нет, я был в Бирмингеме, а в Лондоне только в аэропорту. В Лондоне погода была лучше, чем в Бирмингеме: было тепло и светило солнце. В Бирмингеме было холоднее.

Людмила: Климат в Англии, как в Крыму. Только, по-моему, в Крыму теплее.

Иван: Да, в Крыму теплее. Бирмингем интересный город, но маленький!

Питер: А как же так?! По-моему, полтора миллиона человек.

Людмила: А Лондон очень большой город, больше Москвы. *

Иван: Не может быть!

Людмила: Конечно. Это столица Великобритании! Знаете что, пойдёмте на улицу. Погода такая хорошая!

Иван: Да, ничего. Бывает хуже.

24 На улице

Иван: Так зимой в Англии не бывает снега?

Питер: Бывает, но редко, особенно на юге страны.

Иван: Если зимой нет снега и всё время идёт дождь, нельзя заниматься спортом.

Питер: Это неправда! Мы занимаемся спортом и зимой, и летом, и осенью, и весной! Англичане очень любят спорт!

Иван: А каким спортом вы занимаетесь?

Питер: Раньше я играл в крикет. А теперь нет времени: я много работаю.

Людмила: Ой! Уже пять часов, мне пора домой. До свидания.

Иван: Куда же вы, Людмила? Я хотел пригласить вас в кино.

Людмила: У меня сегодня нет времени. В другой раз. До свидания, Питер.

Питер: До свидания. Я вам позвоню...

* Lyudmila is only partly right. London is larger than Moscow, but Moscow's approx 11 million population is larger than that of London.

Ива́н и Пи́тер разгова́ривают о маши́нах

25

Ива́н: Пи́тер, вы хоти́те покури́ть?

Пи́тер: Нет, спаси́бо. Я не курю́. Англича́не ку́рят ме́ньше, чем ру́сские.

Ива́н: Пи́тер, а у вас в Англии есть маши́на?

Пи́тер: Да, у меня́ но́вый Форд.

Ива́н: Ско́лько он сто́ит?

Пи́тер: Четы́рнадцать ты́сяч фу́нтов. Но по-мо́ему, у нас маши́ны сто́ят доро́же, чем у вас.

Ива́н: Да. А у нас немно́жко деше́вле...

Пи́тер: А у вас есть маши́на?

Ива́н: Нет. Я хочу́ купи́ть новый ВАЗ, но у меня́ нет гаража́. У нас нельзя́ оставля́ть маши́ну на у́лице, осо́бенно зимо́й.

пого́да	weather	неда́вно	recently
ча́ще	more often	лу́чше	better
чем	than	тепло́	it is warm
наве́рно	probably	свети́ть / по-	to shine
меня́ться / по-	to change (itself)	со́лнце	sun
кли́мат	climate	Крым	the Crimea
континента́льный	continental	по-мо́ему	in my opinion
сне́жный	snowy	полтора́	one and a half
гра́дус	degree	челове́к	of people
моро́з	frost		(see grammar)
коро́ткий	short	столи́ца	capital
жа́ркий	warm	Великобрита́ния	Great Britain
вре́мя го́да	season	быва́ть	to be (regularly)
бо́льше	more	ху́же	worse
осо́бенно	especially	ре́дко	rarely
ночь (f.)	night	юг	south
снег	snow	страна́	country
ве́тер	wind	крике́т	cricket
поэ́ма	(long) poem	кури́ть / по-	to smoke
литерату́ра	literature	маши́на	car, vehicle
тума́н	fog	дешёвый	cheap
дождь (m.)	rain	ВАЗ	Lada (see info.)
ерунда́	nonsense	оставля́ть /	to leave
ме́ньше	less	оста́вить	

Ко́мпас

се́вер

се́веро-за́пад   се́веро-восто́к

за́пад   восто́к

ю́го-за́пад   ю́го-восто́к

юг

Времена́ го́да

весна́	spring
ле́то	summer
о́сень (f.)	autumn
зима́	winter

ВАЗ – э́то маши́на, сде́ланная на Во́лжском Автомоби́льном Заво́де в го́роде Толья́тти на Во́лге. «ВАЗ» та́кже называ́ют «Ла́да».

Алекса́ндр Блок. «Двена́дцать»

Изве́стная поэ́ма о пе́рвой ру́сской револю́ции в Санкт-Петербу́рге в 1905 году́. Отры́вок из поэ́мы:

🎧 26

Чёрный ве́чер.
Бе́лый снег.
Ве́тер, ве́тер!
На нога́х не стои́т челове́к.
Ве́тер, ве́тер –
На всём бо́жьем све́те!
Завива́ет ве́тер!
Бе́лый снежо́к.
Под снежко́м – ледо́к.
Ско́льзко, тя́жко,
Вся́кий ходо́к
Скользи́т – ах, бедня́жка!

От зда́ния к зда́нию
Протя́нут кана́т.
На кана́те плака́т:
«Вся власть Учреди́тельному
    Собра́нию!»

Black evening. White snow. Wind, wind. No one is standing. Wind, wind in all God's world. The wind whirls! White snow. Under the snow - ice. It's slippery, difficult. Any walker slips - Ooh, poor thing!

From building to building stretches a cable. On the cable a placard: <All power to the Constituent Assembly!>.

🎧 27 **Крым** – полуо́стров на Чёрном мо́ре. Тепе́рь Крым принадлежи́т Украи́не. Тёплый кли́мат, осо́бенно на ю́жном берегу́. Больши́е города́ – Симферо́поль (областно́й центр), Севасто́поль (гла́вный порт) и Ялта (изве́стный куро́рт). Пло́щадь Кры́ма 26 ты́сяч квадра́тных киломе́тров.

Вдоль ю́жного бе́рега Кры́ма – о́чень краси́вые го́ры. Крым сла́вится свои́ми виногра́дниками.

Кры́мская война́ (1853-56) – война́ ме́жду Росси́ей и коали́цией Англии, Фра́нции и Ту́рции.

На ю́жном берегу́ Кры́ма. За́мок называ́ется "Ла́сточкино гнездо́"

Это пра́вда, что ...?   Is it true that ...?

Here что is used as a conjunction to join the two parts of the sentence.
In this function it is always preceded by a comma.

     Я зна́ю, что он здесь.   I know that he is here.

англича́не - English people

Most nouns in -анин have the ending -ане in the nominative plural and -ан in the genitive plural.

англича́нин	-	an Englishman / person (an Englishwoman is англича́нка)
англича́не	-	Englishmen / people
мно́го англича́н	-	a lot of English people

Comparative adjectives and adverbs

Many of these are formed by adding add -ee to the stem of the adjective, often with a change of stress.

Adjective	Adverb	Comparative form	
тёплый	тепло́	тепле́е	warmer, more warmly
холо́дный	хо́лодно	холодне́е	colder, more coldly

Comparative adjectives and adverbs. Irregular forms

Several common adjectives and adverbs have comparative forms with endings in -e, and there are irregularities and consonant and stress changes.

Adjective	Adverb	Comparative form	
большо́й	мно́го	бо́льше	bigger, more
дешёвый	дёшево	деше́вле	cheaper, more cheaply
дорого́й	до́рого	доро́же	more expensive(ly)
жа́ркий	жа́рко	жа́рче	hotter
ма́ленький	ма́ло	ме́ньше	smaller, less
молодо́й		моло́же	younger
плохо́й	пло́хо	ху́же	worse
ста́рый		ста́рше	older
хоро́ший	хорошо́	лу́чше	better
	ча́сто	ча́ще	more often

Comparative adjectives may be followed by the genitive case, or by чем and the nominative.

     Москва́ бо́льше Ло́ндона.   or   Москва́ бо́льше, чем Ло́ндон.

до тридцати́ гра́дусов моро́за - up to thirty degrees of frost

Numbers decline. At this stage you will mostly meet the genitive.

Nominative	Genitive
оди́н / одна́ / одно́	одного́ (m. & n.) одно́й (f.)
два / две	двух (all genders)
три	трёх
четы́ре	четырёх
пять	пяти́
шесть	шести́ и т.д.
с двух до трёх часо́в	- from two to three o'clock
о́коло двадцати́ студе́нтов	- about twenty students

ночью - at night
To say "at night", use the instrumental case on its own.
Also: утром - "in the morning", днём - "in the day", вечером - "in the evening".

весной, летом, осенью, зимой
The same instrumental construction is used for "in spring", "in summer" etc.

Идёт дождь.   It is raining.
Learn this as a set phrase. There is no verb "to rain" in Russian.
Note also: Шёл дождь.   It was raining.
               Идёт снег.   It is snowing.

в аэропорту, в Крыму
More examples of the prepositional ending in -у́. See Ruslan 1 lesson 10.

люди - people
This is used as the plural of человек - "a person".
The genitive plural is людей.
     много людей   -   a lot of people
But use человек for the genitive plural with numbers.
     полтора миллиона человек -   one and a half million people

Снег бывает редко.   There is rarely snow.
The verb бывать - "to be" - is used for regular or repeated events.

Мне пора домой.   It is time for me to go home.
домой is a set expression meaning "to home". The verb "to go" is understood.

УПРАЖНЕНИЯ	УРОК 3

1. Ответьте на вопросы

а.	Где чаще меняется погода?	В Англии / В России
б.	Кто больше говорит о погоде?	Англичане / Русские
в.	Где холоднее зимой?	В Англии / В России
г.	Где теплее летом?	В Англии / В Крыму
д.	Кто больше любит зиму?	Людмила / Питер
е.	Какой город больше?	Лондон / Москва
ж.	Где машины дороже?	В Англии / В России
з.	Кто больше курит?	Англичане / Русские

2. Найдите нужное слово

а. Англичане _____ говорят о погоде, чем русские.

б. В Лондоне дождь идёт _____, но снег бывает _____.

в. Лондон _____ город, _____ Москвы.

г. Англичане _____ курят, чем русские.

д. Иван говорит, что машины стоят _____ в России, чем в Англии.

часто - больше - большой - дешевле - чаще - редко - меньше

3. Где это?

а. Там теплée, чем в Лóндоне.

б. Там чáсто идёт дождь, осóбенно зимóй.

в. Гóрод óчень большóй, но мéньше Лóндона.

г. Там бóльше тумáнов, чем в Лóндоне.

д. Там дéлают машúны «ВАЗ».

Москвá
Крым
ТольЯтти
Санкт-Петербýрг
Лóндон

4. Отвéтьте на вопрóсы по образцý

Что Людмúла говорúт о зимé?

Онá говорúт, что лЮбит зúму.

(Вы найдёте отвéты в диалóгах на странúцах 34 и 35.)

а. Что Пúтер говорúт о спóрте?

б. Что Пúтер говорúт о рабóте?

в. Что Людмúла говорúт о КрЫме?

г. Что Людмúла говорúт о Лóндоне?

д. Что Пúтер говорúт о погóде в Англии?

е. Что Пúтер говорúт об англичáнах?

ж. Что Пúтер говорúт о сигарéтах?

з. Что Ивáн говорúт о машúнах?

5. Состáвьте словосочетáния

хорóшая	снег
континентáльный	веснá
трúдцать грáдусов	вéчер
корóткая	гóрод
чёрный	клúмат
бéлый	мóре
большóй	морóза
Чёрное	погóда

6. Это бывáет úли не бывáет?

а. Москвá. Янвáрь. Óчень теплó. 20 грáдусов.

б. Лóндон. Янвáрь. Идёт дождь. 5 грáдусов.

в. Москвá. Феврáль. Идёт снег. Мúнус 10 грáдусов.

г. Лóндон. ИЮль. Óчень хóлодно. Идёт снег.

д. Иркýтск. Декáбрь. Теплó. Двáдцать грáдусов.

ДАВАЙТЕ ПОГОВОРИМ!

1. Игрá в кругý

Какóй мéсяц вы бóльше лЮбите?

Пётр говорúт: – Я бóльше люблЮ янвáрь.

Марúя говорúт: – Пётр бóльше лЮбит янвáрь, а я бóльше люблЮ áвгуст.

и т.д.

Какýю погóду вы бóльше лЮбите?

Марúя говорúт: – Я бóльше люблЮ, когдá снег.

Пётр говорúт: – Марúя бóльше лЮбит, когдá снег, а я бóльше люблЮ, когдá сóлнце.

и т.д.

2. Города́

Как вы ду́маете, како́й го́род бо́льше, како́й го́род ме́ньше?

Ло́ндон / Москва́
Санкт-Петербу́рг / Бирминге́м
Манче́стер / Екатеринбу́рг
Омск / Челя́бинск
И т.д.

Наприме́р:
– Челя́бинск бо́льше, чем Омск?
– Нет. Я ду́маю, что Омск бо́льше, чем Челя́бинск.

Самую после́днюю информа́цию по э́тому вопро́су Вы найдёте на страни́це:
www.ruslan.co.uk/ruslan2.htm

Населе́ние росси́йских городо́в	
Москва́	11.514.300
Санкт-Петербу́рг	4.848.700
Новосиби́рск	1.473.700
Екатеринбу́рг	1.350.100
Ни́жний Но́вгород	1.250.600
Сама́ра	1.164.900
Омск	1.154.000
Каза́нь	1.143.600
Челя́бинск	1.130.300
Росто́в-на-Дону́	1.089.900
Уфа́	1.062.300
Волгогра́д	1.021.200
Пермь	973.900
Красноя́рск	963.100
(стати́стика на 2010г.)	

3. Коммуникати́вная игра́

Узна́йте у други́х студе́нтов, ско́лько им лет.
Пото́м реши́те, кто ста́рше, а кто моло́же.
(Вы мо́жете говори́ть непра́вду, е́сли хоти́те!)

– Ско́лько вам лет?
– Два́дцать шесть. А вам?
– Мне два́дцать два го́да.
– Зна́чит, вы моло́же меня́!
– Да, а вы ста́рше меня́!

4. О пого́де. Диску́ссия

– Кака́я пого́да сего́дня?
– Кака́я пого́да сего́дня в Москве́, в Новосиби́рске?
– Кака́я пого́да сего́дня в Ло́ндоне, в Эдинбу́рге, в Ка́рдиффе, в Пари́же, в Вашингто́не и т.д.?
– Кака́я была́ пого́да вчера́?
– Кака́я бу́дет пого́да за́втра?

5. **Ролева́я зада́ча в па́рах. Ру́сский и англича́нин обсужда́ют пого́ду в Росси́и и в Англии**
Разыгра́йте диало́г!

Ру́сский	**Англича́нин**
Росси́я больша́я страна́. Кли́мат разнообра́зный.	В Англии пого́да ча́сто меня́ется. Ча́сто идёт дождь.
В Москве́ зимо́й быва́ет хо́лодно. Снег, моро́з. Ле́том быва́ет жа́рко. Кли́мат континента́льный.	Ле́том быва́ет жа́рко, но не ча́сто. Зимо́й иногда́ хо́лодно, наприме́р, ми́нус два. Снег идёт ре́дко.
В Англии ча́сто тума́ны?	Нет, сейча́с ма́ло тума́нов. Ра́ньше бы́ло мно́го.

6. **Соста́вьте посло́вицы**
В гостя́х хорошо́, ...
Ти́ше е́дешь, ...
Ме́ньше говори́, ...
Одна́ голова́ хорошо́, ...
Кто не согла́сен с маршру́том, ...
Он в руба́шке ...
Беспла́тный сыр быва́ет ...
Ме́ньше зна́ешь, ...
Лу́чше по́здно, ...

а бо́льше де́лай!

крепче спишь!

роди́лся!

тот мо́жет сойти́!

да́льше бу́дешь!

а до́ма лу́чше!

чем никогда́!

а две лу́чше!

то́лько в мышело́вке!

ДАВА́ЙТЕ ПОСЛУ́ШАЕМ!	УРО́К 3

Прогно́з пого́ды
Прослу́шайте прогно́з пого́ды и отве́тьте на вопро́сы:
а. Кака́я сейча́с температу́ра?
б. Но́чью бу́дет холодне́е или тепле́е?
в. За́втра бу́дет снег?
г. За́втра бу́дет моро́з?

7.   Рабо́та в па́рах. О пого́де

Сего́дня 14-ое ма́я. Зада́йте друг дру́гу вопро́сы о пого́де в Москве́
и в Моско́вской о́бласти. Оди́н студе́нт смо́трит на ка́рту пого́ды.
Друго́й спра́шивает, кака́я пого́да в сле́дующих города́х:

Клин	Волокола́мск	Можа́йск
Се́рпухов	Че́русти	Се́ргиев Поса́д

Наприме́р: – В Можа́йске идёт дождь?   – Да.
                    – В Волокола́мске све́тит со́лнце?   – Нет.
                    и т.д.

МОСКВА́ И МОСКО́ВСКАЯ О́БЛАСТЬ
КА́РТА ПОГО́ДЫ НА 14 МА́Я

8.   Рабо́та в па́рах. Где э́тот го́род?

Изучи́те ка́рту Росси́йской Федера́ции на страни́це 6.
Зате́м зада́йте друг дру́гу вопро́сы.

Наприме́р: – Где нахо́дится Магада́н?   – На восто́ке.
                – А Владивосто́к?   – На ю́го-восто́ке.
                – А Му́рманск?   – На се́вере.
                – А где Сара́тов?   – На ю́ге.
                и т.д.

Что вы зна́ете о кли́мате в Росси́и?
Постара́йтесь отве́тить на сле́дующие вопро́сы:

а. Како́й кли́мат в европе́йской ча́сти Росси́и?
б. Где зима́ холодне́е, в Сиби́ри и́ли на Во́лге?
в. Где ле́то длинне́е, в Москве́ и́ли в Яку́тии?
г. Где бо́льше тума́нов, в Москве́ и́ли в Санкт-Петербу́рге?
д. Каково́ влия́ние глоба́льного потепле́ния в Сиби́ри?

Тепе́рь прочита́йте текст. Там вы найдёте отве́ты

Кли́мат в Росси́и

Росси́я – больша́я страна́, поэ́тому кли́мат на всей её террито́рии разнообра́зный. В Москве́ холо́дная, сне́жная и моро́зная зима́, тогда́ как в Астрахани, на Во́лге, зима́ тепле́е, а в Сиби́ри – гора́здо холодне́е.

В Москве́ кли́мат континента́льный (холо́дная, сне́жная зима́ и тёплое, иногда́ жа́ркое ле́то), а в Яку́тии, наприме́р, – ре́зко континента́льный (о́чень холо́дная дли́нная зима́ и коро́ткое жа́ркое ле́то). В Санкт-Петербу́рге ча́сто быва́ют дожди́ и тума́ны, и пого́да ча́сто меня́ется. Температу́ра в Москве́ ле́том от 15 до 35 гра́дусов, а зимо́й от 30 гра́дусов моро́за до 5 гра́дусов тепла́.

Эффе́кт глоба́льного потепле́ния уже́ заме́тен. В Сиби́ри за про́шлые 40 лет сре́дняя температу́ра вы́росла на 3 гра́дуса. На Кра́йнем Се́вере начина́ет та́ять ве́чная мерзлота́. Ле́том 2010-го го́да бы́ли стра́шные пожа́ры в Подво́лжье и в за́падной Росси́и.

Пи́шет Константи́н Козло́в, студе́нт географи́ческого факульте́та Моско́вского Госуда́рственного Университе́та (МГУ).

Тепе́рь прослу́шайте а́удио CD: 29
е. Кака́я информа́ция из те́кста отсу́тствует в CD-за́писи?

Самую последнюю информацию по этому вопросу Вы найдёте
на странице: www.ruslan.co.uk/ruslan2.htm

ПИШИТЕ!

Напиши́те два сочине́ния

а. Пого́да в Англии и в Росси́и.
б. Каки́е ме́сяцы го́да я люблю́ и почему́.

Lyudmila telephones Peter to arrange a trip to Sergiev Posad. Ivan calls on Lyudmila with a bunch of red roses, and asks her to go out to the shops. The **иностра́нец** has problems meeting someone at a metro station.

In this lesson you will learn:
- ❑ words you need for making arrangements to meet and go out
- ❑ to talk about something happening on Monday, in August, etc.
- ❑ to tell the time and to say at what time something happens.

The grammar includes:
- ❑ the imperfective future tense, for doing something regularly or for a period of time in the future
- ❑ the perfective future tense, for a specific thing you are going to do
- ❑ the genitive singular of masculine adjectives
- ❑ expressions of time with the accusative and prepositional
- ❑ telling the time, with minutes to and from the hour.

The information section includes a note about **моско́вские вокза́лы** - Moscow stations - and some recordings of Moscow metro announcements. The reading passage is about the Moscow metro - **моско́вское метро́**.

The student workbook contains 18 additional exercises for this lesson, including a conversation about arranging to meet in Petrozavodsk. The Ruslan 2 CDRom version of this lesson contains 32 interactive exercises with sound, including video exercises.

МЕТРО

🎧 30

В но́мере Пи́тера звони́т телефо́н

Пи́тер: 241-05-79. Я вас слу́шаю.
Людми́ла: Пи́тер, до́брое у́тро. Это Людми́ла говори́т.
Пи́тер: Что?
Людми́ла: Это Людми́ла!
Пи́тер: Людми́ла! Я не слы́шу! Я перезвоню́, ла́дно?

🎧 31

Пи́тер перезвони́л

Людми́ла: Алло́!
Пи́тер: Людми́ла! Тепе́рь лу́чше! Тепе́рь хорошо́ слы́шно. Как дела́?
Людми́ла: Ничего́, спаси́бо. Пи́тер, я звоню́, что́бы договори́ться
                о пое́здке в Заго́рск.
Пи́тер: Что? Ага, Заго́рск? Это Се́ргиев Поса́д, да? Поня́тно.
                Очень хорошо́! Когда́ мы пое́дем? Когда́ у вас бу́дет вре́мя?
Людми́ла: Сего́дня суббо́та... Вы реши́ли, что вы бу́дете де́лать
                в понеде́льник?
Пи́тер: Я бу́ду рабо́тать, коне́чно. А в воскресе́нье?
Людми́ла: Нет. В воскресе́нье бу́дет о́чень мно́го наро́ду в электри́чке.
                Не бу́дет ме́ста. Все бу́дут е́хать на да́чу.
Пи́тер: Это бу́дет о́чень интере́сно.
Людми́ла: Пи́тер, я не хочу́ в воскресе́нье. А что вы бу́дете де́лать
                в сре́ду?
Пи́тер: Сейча́с, я посмотрю́ календа́рь.

🎧 32

Он смо́трит календа́рь

Пи́тер: Сейча́с... да, хорошо́, мо́жно в сре́ду. Когда́ на́до
                встре́титься?
Людми́ла: Лу́чше встре́титься ра́но. Чем ра́ньше, тем лу́чше.
                Подожди́те, я посмотрю́ расписа́ние поездо́в. Да...
                Наш по́езд отправля́ется с Яросла́вского вокза́ла.
                На́до быть там в де́вять часо́в. Дава́йте встре́тимся в метро́.
                Вы пое́дете со ста́нции «Арба́тская», да?
Пи́тер: Да. Это кра́сная ли́ния.
Людми́ла: Хорошо́. Тогда́ встре́тимся в метро́ на ста́нции
                «Комсомо́льская», на платфо́рме. Пе́рвый ваго́н. Без двадцати́
                де́вять. Жди́те меня́ там на платфо́рме и не уходи́те.
Пи́тер: Хорошо́, я по́нял. Ста́нция «Комсомо́льская». Пе́рвый ваго́н.
                Без двадцати́ де́вять. Я бу́ду там.
Людми́ла: Отли́чно. Мы сра́зу отту́да пойдём на вокза́л, ку́пим биле́ты.
                На́ша электри́чка отправля́ется в де́сять мину́т деся́того,
                и мы бу́дем в Заго́рске в полови́не оди́ннадцатого.
Пи́тер: Очень хорошо́. Договори́лись! До среды́.
Людми́ла: До среды́. Счастли́во!

В кварти́ре у Зво́новых. Звоно́к

">🔊 33

Ива́н:	Людми́ла! Здра́вствуйте!
Людми́ла:	Ива́н?! Како́й сюрпри́з! Что вы здесь де́лаете? А э́то что? Кра́сные ро́зы?! Это мой люби́мые цветы́!
Ива́н:	Да? Они́ для вас. Людми́ла, пойдёмте в магази́н!
Людми́ла:	Сейча́с?
Ива́н:	Да, е́сли вам удо́бно.
Людми́ла:	В како́й магази́н?
Ива́н:	Я зна́ю оди́н о́чень хоро́ший универма́г недалеко́ от Белору́сского вокза́ла.
Людми́ла:	А заче́м?
Ива́н:	Лю́дочка, я хочу́ сде́лать вам пода́рок.
Людми́ла:	Пода́рок? Како́й? Почему́? У меня́ день рожде́ния в январе́, а сейча́с то́лько май.
Ива́н:	Я ско́ро возвраща́юсь в Сара́нск и хочу́...
Людми́ла:	Ла́дно. Дава́йте встре́тимся в пя́тницу. То́лько не здесь. Встре́тимся в це́нтре. Около Центра́льного телегра́фа в два часа́. Хорошо́?
Ива́н:	Отли́чно! Договори́лись! До пя́тницы. До свида́ния.

Типи́чный иностра́нец

🔊 34

Иностра́нец:	До́брый ве́чер! Где вы бы́ли?
Ру́сская:	В метро́, как мы договори́лись.
Иностра́нец:	А я вас ждал це́лый час. Шёл дождь. Бы́ло о́чень хо́лодно.
Ру́сская:	Ах вот как! Вы жда́ли меня́ на у́лице! А я ждала́ вас на платфо́рме!

перезвони́ть (perf.)	to ring back	ваго́н	carriage
слы́шно	audible	отту́да	from there
что́бы	in order to	Счастли́во!	Cheerio!
договори́ться (perf.)	to agree		
пое́здка	journey	ро́за	a rose
реша́ть / реши́ть	to decide	люби́мый	favourite
наро́д	people	цвето́к	a flower
электри́чка	electric train	цветы́	flowers
е́хать / по-	to go (by transport)	удо́бно	convenient
да́ча	summer house	универма́г	department store
		пода́рок	a present
календа́рь (m.)	diary	день рожде́ния	birthday
встреча́ться	to meet	ско́ро	soon
/ встре́титься		це́лый	whole
ра́но	early	о́коло (+ genitive)	near
ра́ньше	earlier		
расписа́ние	timetable	дождь (m.)	rain
по́езд	a train	шёл дождь	it was raining
отправля́ться	to depart		
/ отпра́виться			
вокза́л	(main) station		
ли́ния	a line		
платфо́рма	platform		

🎧 35 **Моско́вские железнодоро́жные вокза́лы**

В Москве́ мно́го железнодоро́жных вокза́лов. Почти́ все они́ нахо́дятся на кольцево́й ли́нии Моско́вского метро́.

Яросла́вский, Ленингра́дский и Каза́нский вокза́лы нахо́дятся недалеко́ друг от дру́га, на так называ́емой «пло́щади трёх вокза́лов» (ста́нция метро́ Комсомо́льская).

С Яросла́вского и с Каза́нского вокза́лов поезда́ отправля́ются на восто́к, в сто́рону Ни́жнего Но́вгорода, Яросла́вля, Каза́ни и да́лее – на Ура́л, в Сиби́рь, в Казахста́н и в Кита́й. С Ленингра́дского вокза́ла поезда́ отправля́ются на се́вер – в Санкт-Петербу́рг, в Арха́нгельск, в Му́рманск.

Поезда́ в Украи́ну, наприме́р в Ки́ев, в Оде́ссу, отправля́ются с Ки́евского вокза́ла, а поезда́ на за́пад – в Смоле́нск, в Минск и да́лее в Варша́ву, в Берли́н, в Пари́ж и в Ло́ндон, отправля́ются с Белору́сского вокза́ла.

**Ста́нция метро́ «Чи́стые Пруды́».
Ра́но у́тром. Идёт снег**

Встре́тимся в метро́

Ру́сские ча́сто встреча́ются не на у́лице, а в метро́ на платфо́рме. Осо́бенно зимо́й, потому́ что в метро́ тепло́.

🎧 36 **В моско́вском метро́ вы услы́шите:**

> Ста́нция «Комсомо́льская»! Осторо́жно, две́ри закрыва́ются, сле́дующая ста́нция – «Проспе́кт Ми́ра»!

> Уважа́емые пассажи́ры, при вы́ходе из по́езда, не забыва́йте свои́ ве́щи!

> Уважа́емые пассажи́ры, бу́дьте осторо́жны при вы́ходе из после́дней две́ри после́днего ваго́на!

> Уважа́емые пассажи́ры, перехо́д на Кольцеву́ю ли́нию закры́т!

Я бу́ду рабо́тать.   I will be working.

This is an imperfective future tense, used for something that will happen regularly or for a period of time in the future. It is formed with the future tense of the verb быть and the imperfective infinitive:

я бу́ду рабо́тать	I shall be working
ты бу́дешь рабо́тать	you will be working
он / она́ бу́дет рабо́тать	he / she will be working
мы бу́дем рабо́тать	we shall be working
вы бу́дете рабо́тать	you will be working
они́ бу́дут рабо́тать	they will be working

Все бу́дут е́хать на да́чу.	Everyone will be going to their dacha.
Что вы бу́дете де́лать в сре́ду?	What will you be doing on Wednesday?

Когда́ мы пое́дем?   When shall we go?

This is a perfective future tense, used for a single event in the future. It is formed by conjugating the perfective infinitive, for example пое́хать.

я пое́ду	I shall go	мы пое́дем	we shall go
ты пое́дешь	you will go	вы пое́дете	you will go
он / она́ пое́дет	he / she will go	они́ пое́дут	they will go

Я перезвоню́.	I'll ring back.	Мы поду́маем.	We'll have a think.
Мы встре́тимся.	We shall meet.	Они́ пойду́т.	They will go (on foot).
Он ку́пит.	He will buy.	Ты уви́дишь.	You will see.

мно́го наро́ду - a lot of people

This is a partitive genitive singular for masculine nouns, an alternative to the normal genitive ending. It is sometimes used with certain expressions of quantity and with negatives. The hard ending is -y and the soft ending is -ю.

сто грамм сы́ру	- 100 grams of cheese
ча́шка ча́ю	- a cup of tea
Нет коньяку́.	There is no brandy

Learn these as set expressions. Note that they are not used with adjectives.

> ча́шка грузи́нского ча́я - a cup of Georgian tea

недалеко́ от Белору́сского вокза́ла - not far from Belorussky station

This is an example of the genitive singular of masculine adjectives.
The ending -ого is pronounced "-ovo". Neuter adjectives have the same ending.

о́коло ру́сского рестора́на	- near the Russian restaurant
буты́лка кра́сного вина́	- a bottle of red wine
арти́ст Большо́го теа́тра	- an artist of the Bolshoy Theatre

After the letters ж, ц, ч, ш, щ, unstressed о is replaced by е

коне́ц рабо́чего дня	- the end of the working day

в сто́рону Ни́жнего Но́вгорода - in the direction of Nizhny Novgorod

ни́жний - "lower" - is a soft adjective. In its declension the soft vowels и, е and ю replace the hard vowels ы, о and у. See the table on page 141. Soft adjectives include: после́дний - "last", си́нний - "dark blue", ка́рий - "brown" (eyes).

Встре́тимся в пя́тницу.   We shall meet on Friday.

В воскресе́нье бу́дет мно́го наро́ду.

There will be a lot of people on Sunday.

To say "on" a day of the week, use в with the accusative case.

понеде́льник	в понеде́льник	пя́тница	в пя́тницу
вто́рник	во вто́рник	суббо́та	в суббо́ту
среда́	в сре́ду *	воскресе́нье	в воскресе́нье
четве́рг	в четве́рг		

* Note the stress change!

в январе́ - in January

To say "in January", "in February" etc. use в with the prepositional case.

янва́рь	в январе́ *	июль	в ию́ле
февра́ль	в феврале́ *	а́вгуст	в а́вгусте
март	в ма́рте	сентя́брь	в сентябре́ *
апре́ль	в апре́ле	октя́брь	в октябре́ *
май	в ма́е	ноя́брь	в ноябре́ *
ию́нь	в ию́не	дека́брь	в декабре́ *

* Note the stress changes!

The days and the months are written with small letters in Russian.

без десяти́ де́вять - ten to nine

You met the use of the 24 hour clock in Ruslan 1. In conversation, Russians more often use the following, more complicated system:

Minutes past the hour are expressed as minutes of the next hour.
For "Five past eight" say "Five minutes of the ninth".

пять мину́т девя́того	-	five past eight
че́тверть деся́того	-	quarter past nine
полови́на двена́дцатого	-	half past eleven

(sometimes abbreviated to: полдвена́дцатого)

Add в to say "at" a particular time:

в пять мину́т девя́того	-	at five past eight
в полови́не шесто́го	-	at half past five

Minutes before the hour are expressed with без and the genitive case.

без десяти́ де́вять	-	ten minutes to nine
без че́тверти три	-	a quarter to three

Do not add в before без to say "at" a particular time.

Я бу́ду там без десяти́ де́вять.   I'll be there at ten to nine.

Шёл дождь.   It was raining.

Literally "the rain was going".

There is also: шёл снег - it was snowing.

This is the past tense of идти́ - "to go (by foot)".

Masculine:	он / я / ты шёл	he / I was going / you were
Feminine:	она́ / я / ты шла	going, etc.
Plural:	они́ / мы / вы шли	

1. Найди́те пра́вильный отве́т на вопро́сы

а. Заче́м Людми́ла звони́ла Пи́теру?

б. Почему́ Пи́тер перезвони́л?

в. Что Пи́тер бу́дет де́лать в понеде́льник?

г. Почему́ Людми́ла не хо́чет пое́хать в Се́ргиев Поса́д в воскресе́нье?

д. Почему́ Пи́тер не хо́чет пое́хать в понеде́льник?

е. В како́й день они́ пое́дут?

ж. Где они́ встре́тятся?

> В метро́.
> В сре́ду.
> Потому́ что он бу́дет рабо́тать.✓
> Что́бы договори́ться о пое́здке.✓
> Он бу́дет рабо́тать.
> Потому́ что бу́дет мно́го наро́ду в электри́чке.
> Потому́ что бы́ло пло́хо слы́шно.✓

2. Вы́берите отве́т на вопро́сы

а. Кто зна́ет хоро́ший универма́г?

б. Кому́ Ива́н хо́чет сде́лать пода́рок?

в. Когда́ у Людми́лы день рожде́ния?

г. Когда́ они́ встре́тятся?

д. Где они́ встре́тятся?

Людми́ла / Ива́н
Людми́ле / Тама́ре
В ма́е / В январе́
В пя́тницу / В сре́ду
Около магази́на /
Около Центра́льного телегра́фа

3. Впиши́те ну́жный глаго́л в пробе́л

а. Я вас пло́хо _____ .

б. Что вы _____ де́лать в понеде́льник?

в. Я бу́ду _____ .

г. А в сре́ду _____ пое́дем в Се́ргиев Поса́д.

д. Я _____ расписа́ние.

е. В электри́чке _____ о́чень мно́го наро́ду.

ж. Мы _____ в метро́.

з. Мы _____ биле́ты на вокза́ле
и _____ в Се́ргиев Поса́д.

> бу́дете
> дава́йте
> слы́шу
> ку́пим
> встре́тимся
> рабо́тать
> посмотрю́
> пое́дем
> бу́дет

4. Соста́вьте словосочета́ния

> Доброе
> расписа́ние
> кра́сные
> пе́рвый
> день
> встре́тимся
> сле́дующая

> рожде́ния
> у́тро!
> на платфо́рме
> ро́зы
> ста́нция
> поездо́в
> ваго́н

5. **Составьте фразы по образцу**

Образец: Бутылка... красное вино
Бутылка красного вина

а. Недалеко от ... Ярославский вокзал
б. Это фотография ... мой брат
в. Схема ... московское метро
г. Батон ... белый хлеб
д. Паспорт... американский турист
е. Конец ... рабочий день

6. **Сколько времени? Найдите фотографию!**
а. Половина третьего
б. Двадцать минут третьего
в. Пять минут двенадцатого
г. Десять минут пятого
д. Без двадцати одиннадцать
е. Без четверти двенадцать
ж. Полпятого
з. Без двадцати девять

7. **Составьте предложения по образцу:**

В понедельник я буду работать весь день,
а вечером я пойду в ресторан.

Понедельник	Работа	Ресторан
Вторник	Работа	Театр
Среда	Работа	Футбол
Четверг	Работа	Кино
Пятница	Работа	Поликлиника
Суббота	Работа	Дача
Воскресенье	ловить рыбу	

1. **Игра́ в кругу́. Что вы бу́дете де́лать в суббо́ту?**
    Анна говори́т: – В суббо́ту я бу́ду игра́ть в те́ннис.
    Бори́с говори́т: – В суббо́ту Анна бу́дет игра́ть в те́ннис, а я бу́ду
                          отдыха́ть.

    и т.д.

2. **Рабо́та в па́рах. Где мы встре́тимся?**
    Пе́рвый говори́т: – Где мы встре́тимся в понеде́льник?
    Второ́й говори́т: – В понеде́льник дава́йте встре́тимся о́коло клу́ба,
                          а где мы встре́тимся во вто́рник?
    Пе́рвый говори́т: – Хорошо́, в понеде́льник встре́тимся о́коло клу́ба.
                          Во вто́рник дава́йте встре́тимся о́коло кита́йского
                          рестора́на, а где мы встре́тимся в сре́ду?

    и т.д.

3. **Магази́н «Нет». Рабо́та в па́рах**
    Вы хоти́те купи́ть проду́кты.
    У вас есть спи́сок проду́ктов.
    К сожале́нию в магази́не
    проду́ктов нет.

    – У вас есть францу́зское вино́?
    – Нет. Францу́зского вина́ нет!

Список продуктов
Французское вино
Испанское вино
Английское пиво
Белый хлеб
Чёрный хлеб
Русская водка
Грузинский чай
Голландский сыр

4. **Ско́лько вре́мени?**
    Сде́лайте часы́ из бума́ги, и́ли нарису́йте их.
    Зада́йте друг дру́гу вопро́сы о том, ско́лько вре́мени.

5. **Рабо́та в па́рах**
    Вы всегда́ всё де́лаете на полчаса́ по́зже ва́шего сосе́да!

    – Я за́втракаю в во́семь часо́в.
    – А я за́втракаю в полови́не девя́того!
    – В де́сять мину́т девя́того я уже́ в метро́.
    – А я в метро́ без двадцати́ де́вять.
    – Я начина́ю рабо́ту ...
    – А я начина́ю рабо́ту ...
    – Я пью ко́фе ...
    – А я пью ко́фе ...
    – Я обе́даю ...
    – А я обе́даю ...
    – Я конча́ю рабо́ту ...
    – А я конча́ю рабо́ту ...

6. Рабо́та в па́рах.
Вы в метро́. Вы и́щете авто́бусную / тролле́йбусную / трамва́йную остано́вку

— Скажи́те, пожа́луйста, где остано́вка три́дцать восьмо́го авто́буса?
— Иди́те нале́во.
— Где остано́вка шестьдеся́т седьмо́го тролле́йбуса?
— Иди́те напра́во.
  И т.д.

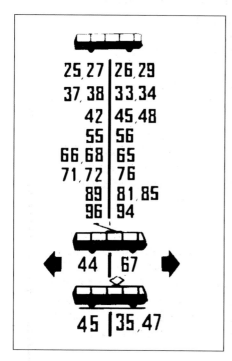

Трамва́и на у́лице

7. **Рабо́та в па́рах. Зада́йте друг дру́гу сле́дующие вопро́сы:**
В како́м ме́сяце ваш день рожде́ния?
Вы за́мужем / жена́ты?
В како́м ме́сяце день рожде́ния ва́шего му́жа / ва́шей жены́?
У вас есть брат / сестра́?
В како́м ме́сяце день рожде́ния ва́шего бра́та / ва́шей сестры́?
У вас есть сын / дочь?
В како́м ме́сяце день рожде́ния ва́шего сы́на / ва́шей до́чери?

ДАВА́ЙТЕ ПОСЛУ́ШАЕМ!

37 **Прослу́шайте разгово́р и отве́тьте на вопро́сы:**
а. Заче́м Людми́ла звони́т Тама́ре?
б. Они́ встре́тятся сего́дня?
в. Они́ встре́тятся за́втра?
г. Где они́ встре́тятся?

Что вы зна́ете о моско́вском метро́? Постара́йтесь отве́тить на сле́дующие вопро́сы:

а. Как вы ду́маете, когда́ на́чали стро́ить моско́вское метро́?
В 1932-ом году́ / В 1942-ом году́ / В 1922-ом году́

б. Ско́лько сего́дня ли́ний в моско́вском метро́ (2011 год)?
5 / 9 / 12

в. Как вы ду́маете, ско́лько ста́нций в моско́вском метро́?
о́коло 50 / о́коло 80 / о́коло 130 / о́коло 180

г. В други́х города́х Росси́и есть метро́?

д. Ско́лько сто́ит прое́зд в моско́вском метро́ (2011 год)?

Тепе́рь прочита́йте текст. Там вы найдёте отве́ты.

Моско́вское метро́

Строи́тельство моско́вского метро́ начало́сь в ты́сяча девятьсо́т три́дцать второ́м году́. Оно́ всё ещё стро́ится. На сего́дня (2011 год) в моско́вском метро́ двена́дцать ли́ний и сто во́семьдесят две ста́нции. На метро́ ка́ждый день е́здит не́сколько миллио́нов челове́к.

Для прое́зда в метро́ на́до купи́ть ка́рточку (то есть биле́т). Ка́рточка на одну́ пое́здку сто́ит два́дцать во́семь рубле́й. Ка́рточка на пять пое́здок сто́ит сто три́дцать пять рубле́й. (Це́ны 2011-го го́да). Что́бы прое́хать, наприме́р, от ста́нции «Комсомо́льская» до ста́нции «Смоле́нская», снача́ла на́до дое́хать до ста́нции «Библиоте́ка и́мени Ле́нина». Там на́до сде́лать переса́дку на ста́нцию «Алекса́ндровский сад» и отту́да дое́хать до ста́нции «Смоле́нская».

Метро́ есть в шестна́дцати города́х Росси́и, наприме́р, в Сама́ре, в Екатеринбу́рге, в Каза́ни, в Санкт-Петербу́рге.

Тепе́рь прослу́шайте информа́цию 2006-го го́да:

е. Как измени́лось моско́вское метро́ в пери́од с 2006-го по 2011-ый го́д.

ж. Как прое́хать от ста́нции «Смоле́нская» до ста́нции «Комсомо́льская»?

з. Назови́те семь росси́йских городо́в, где есть метро́.

Lyudmila has some worrying symptoms and has to visit the doctor, but he won't prescribe her any medicine. Ivan is there too with a bad tooth, but forgets his pain when he sees Lyudmila. Meanwhile the **типи́чный иностра́нец** has eaten something that has disagreed with him!

In this lesson you will learn:
❏   words you need when visiting the doctor
❏   words for parts of the body.
The grammar includes:
❏   the use of the present tense for a past event continuing in the present
❏   the remaining feminine singular endings of adjectives, possessive pronouns and **э́тот**
❏   the dative singular of masculine adjectives.

Information texts are about: **поликли́ника** - the policlinic, **апте́ка** - the chemist's, and **столо́вая** - the canteen.

The reading passage is a fax from a tourist agency about a traveller who has fallen ill, and at the end of the lesson there is an old gypsy romance **«Не уезжа́й, ты, мой голу́бчик!»** - "Don't go away, my darling!" (голу́бчик is literally "little pigeon"!)

The student workbook contains 14 additional exercises for this lesson, including a conversation with Oksana about recognising various monuments, and with Misha about the dangers of extreme cold. The Ruslan 2 CDRom version of the lesson contains 28 interactive exercises with sound.

Апте́ка в Новосиби́рске

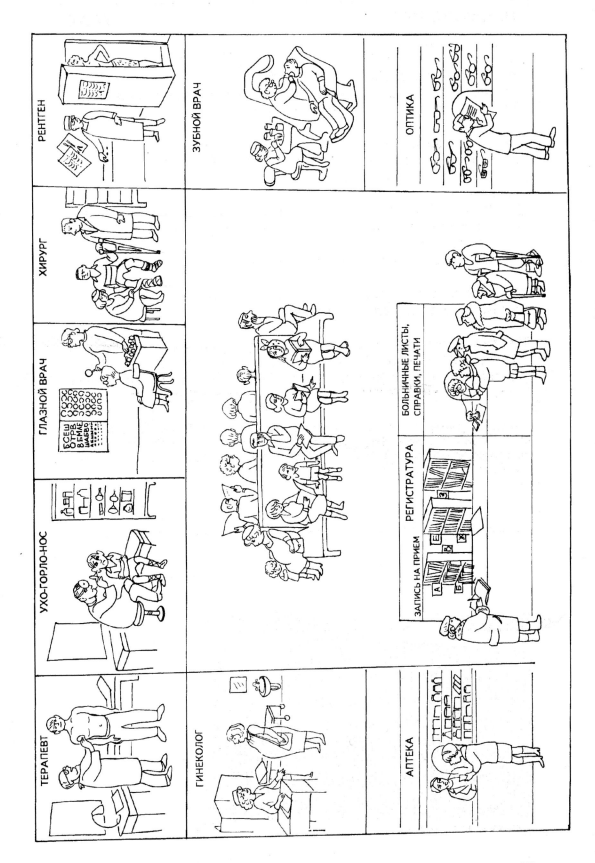

39 В поликли́нике

Медсестра́:	Сле́дующий, пожа́луйста. Проходи́те.
Людми́ла:	Спаси́бо.

У врача́

Людми́ла:	Здра́вствуйте.
Врач:	Здра́вствуйте. Сади́тесь. Как ва́ша фами́лия?
Людми́ла:	Ки́сина Людми́ла Алекса́ндровна.
Врач:	Что с ва́ми?
Людми́ла:	Я не зна́ю, что со мной, до́ктор. Я всё вре́мя пло́хо себя́ чу́вствую. Голова́ боли́т, тошни́т. Осо́бенно пло́хо по утра́м.
Врач:	Как давно́ вы себя́ пло́хо чу́вствуете?
Людми́ла:	О́коло ме́сяца.
Врач:	Го́рло боли́т?
Людми́ла:	Нет, го́рло не боли́т и температу́ра норма́льная.
Врач:	Как вы сейча́с себя́ чу́вствуете?
Людми́ла:	Сейча́с,... ничего́.
Врач:	Дава́йте я послу́шаю се́рдце и лёгкие.

40 Врач слу́шает Людми́лу

Врач:	Се́рдце и лёгкие в поря́дке. Зна́ете что, дава́йте сде́лаем все ана́лизы. Вот вам направле́ние на ана́лизы. Приходи́те че́рез неде́лю.
Людми́ла:	А что мне принима́ть от головно́й бо́ли?
Врач:	Ничего́. Я не рекоменду́ю вам принима́ть лека́рства. Рекоменду́ю как мо́жно бо́льше отдыха́ть. Вот вам реце́пт на о́чень хоро́шие поливитами́ны. Здесь в поликли́нике есть апте́ка. Принима́йте по одно́й табле́тке в день. Пока́ всё, а пото́м посмо́трим.
Людми́ла:	Спаси́бо, до́ктор. До свида́ния.

41 У Ива́на боли́т зуб

Ива́н:	У меня́ боли́т зуб. Да́йте, пожа́луйста, тало́н к зубно́му врачу́.
Регистра́тор:	Когда́ вы хоти́те?
Ива́н:	Сейча́с, е́сли мо́жно.
Регистра́тор:	Это о́страя боль?
Ива́н:	Коне́чно. Мне о́чень пло́хо.
Регистра́тор:	Как до́лго боли́т?
Ива́н:	Два дня. Одну́ мину́точку! Людми́ла! Людми́ла! Это вы? Здра́вствуйте! Вот так встре́ча! Что вы здесь де́лаете? Вы бы́ли у врача́? Что с ва́ми?
Людми́ла:	Ничего́ осо́бенного.
Регистра́тор:	Молодо́й челове́к! Вам на́до к зубно́му врачу́ и́ли нет?!
Ива́н:	Да, но подожди́те. Мне на́до поговори́ть с э́той де́вушкой... Людми́ла, куда́ же вы? Подожди́те! Я иду́ с ва́ми.

Типи́чный иностра́нец заболе́л

Иностра́нец: Здра́вствуйте, до́ктор. Мне о́чень пло́хо.

Врач: Сади́тесь, пожа́луйста. Откро́йте рот и скажи́те «Ааа!».

Иностра́нец: Ааа!

Врач: Да. Интере́сно. А что с ва́ми?

Иностра́нец: У меня́ боли́т живо́т. Я ду́маю, что я что́-то съел в столо́вой.

Врач: Ага́! Вы что́-то съе́ли. Температу́ра есть?

Иностра́нец: Ка́жется, да.

Врач: У вас расстро́йство желу́дка?

Иностра́нец: Одну́ мину́тку. Я посмотрю́ в словаре́. Где мои́ очки́?

(берёт очки́ и смо́трит в словаре́)

Да, то́чно. У меня́ расстро́йство желу́дка.

Врач: Поня́тно. Возьми́те реце́пт на табле́тки. Я рекоменду́ю пить мно́го жи́дкости, отдыха́ть и бо́льше не ходи́ть в столо́вую.

Иностра́нец: Большо́е вам спаси́бо, до́ктор.

Врач: Не́ за что!

медсестра́	nurse	зуб	tooth
сле́дующий	next; the following	тало́н	appointment card
		зубно́й врач	dentist
Что с ва́ми?	What's (wrong) with you?	регистра́тор	receptionist
до́ктор	doctor	о́стрый	acute; sharp
чу́вствовать себя́ (imp.)		до́лго	for a long time
	to feel (oneself)	осо́бенный	special
голова́	head		
боле́ть / за-	to be ill; to hurt	открыва́ть /	to open
меня́ тошни́т	I feel sick	откры́ть	
ме́сяц	month	рот	mouth
го́рло	throat	живо́т	abdomen; belly
температу́ра	temperature	что́-то	something
норма́льный	normal	есть / съесть	to eat
се́рдце	heart	столо́вая	canteen
лёгкие	lungs	расстро́йство	disturbance
		желу́док	stomach
ана́лиз	analysis, test	слова́рь (m.)	dictionary
направле́ние	appointment (with doctor)	очки́ (m. pl.)	glasses
неде́ля	a week	брать / взять	to take
че́рез (+acc.)	in (a period of time)	жи́дкость (f.)	liquid
принима́ть / приня́ть	to take (medicine)	Не́ за что!	Don't mention it!
ничего́	nothing		
боль (f.)	pain		
рекомендова́ть	to recommend		
лека́рство	medicine		
отдыха́ть / отдохну́ть	to rest		
реце́пт	prescription		
по́ливитами́ны	multivitamins		
апте́ка	chemist's		
табле́тка	tablet		

Поликли́ника

В Росси́и поликли́ника – э́то медици́нский пункт райо́на. В поликли́нике рабо́тают врачи́ разли́чных специа́льностей, в том числе́ и зубно́й врач. Если челове́к серьёзно бо́лен, его́ посыла́ют в больни́цу.

Апте́ка

Пацие́нт мо́жет получи́ть лека́рства по реце́пту врача́ в апте́ке, хотя́ не́которые лека́рства мо́жно купи́ть и без реце́пта.

Столо́вая

На всех заво́дах, фа́бриках, во всех шко́лах, учрежде́ниях есть столо́вая, где обы́чно лю́ди обе́дают. В столо́вой – систе́ма самообслу́живания.

Ча́сти лица́ и те́ла. Что есть что?

борода́
глаз
глаза́
голова́
го́рло
грудь
гу́бы
живо́т
коле́но
лицо́
ло́коть
нога́

нос
па́лец
подборо́док
рот
рука́
усы́
у́хо
у́ши
ше́я
щека́
язы́к

сле́дующий - the following

Here "Сле́дующий!" is used for "Next, please!".
This is the present participle of сле́довать - "to follow". To form the present participle, take the last letter -т off the end of the third person plural of the present tense and add the participle ending -щий. See Ruslan 3.

чу́вствовать / рекомендова́ть conjugate in the same way as танцева́ть

я чу́вствую, ты чу́вствуешь, он / она́ чу́вствует ...   (lesson 1).
я рекоменду́ю, ты рекоменду́ешь, он / она́ рекоменду́ет ...
Он чу́вствует себя́ пло́хо.   He feels ill.

Как давно́ вы себя́ пло́хо чу́вствуете?

The present tense is used to describe a state that is still going on. "How long have you been feeling ill?"

Вы давно́ здесь живёте?	Have you lived here long?
Я жду две неде́ли.	I have been waiting for two weeks.

боле́ть - to hurt

In the sense "to hurt" this verb is used with у меня́ / у вас etc.

У меня́ боли́т голова́.	I have a head ache.
У Ива́на боли́т зуб.	Ivan's tooth is hurting.
У неё боля́т глаза́.	Her eyes are hurting.

Меня́ тошни́т.   I feel sick.

The verb тошни́ть is used in the third person singular only.

Приходи́те че́рез неде́лю.   Come in a week's time.

The preposition че́рез - "in" or "after" a period of time - takes the accusative.

че́рез час	- in an hour's time	че́рез ме́сяц	- in a month
че́рез день	- in a day	че́рез год	- in a year
че́рез неде́лю	- in a week		

от головно́й бо́ли - for a headache

The feminine genitive singular adjective ending is -ой or -ей. The same endings are used for the dative, instrumental and prepositional. The -ой ending is also used for оди́н and э́тот, and -ей is used for мой, твой, ваш and наш.

по одно́й табле́тке в день	-	one tablet a day	(dative)
с э́той де́вушкой	-	with this girl	(instrumental)
в столо́вой	-	in the canteen	(prepositional)

After the letters ж, ц, ч, ш, щ, unstressed o is replaced by e

коне́ц рабо́чей неде́ли	-	the end of the working week
с ва́шей по́мощью	-	with your help

Вам надо к зубно́му врачу́.   You must go to the dentist.

The dative singular ending for masculine and neuter adjectives is -ому or -ему.

Па́мятник Петру́ Пе́рвому.	A monument to Peter the First.
Он пи́шет но́вому клие́нту.	He is writing to his new client.
Сла́ва Рабо́чему кла́ссу!	Glory to the Working Class!

See the table of adjective endings on page 141.

Spelling rule for the unstressed letter o

If the letter o is unstressed, it cannot follow the consonants ж, ц, ч, ш or щ.
It is repaced by e.

Она́ мечта́ет о хоро́шей жи́зни.   She is dreaming of a good life.
Он позвони́л хоро́шему дру́гу.   He telephoned a good friend.

Я что́-то съел - I have eaten something

Here что́-то means "something". The hyphenated particle -то can be used
with other question words in a similar way.

кто́-то - someone   где́-то - somewhere   etc.

The hyphenated particle -нибудь is generally used for "any ...", or for
"some ..." when there is no certainty.

Кто́-нибудь ви́дел Сне́жного челове́ка?

Has anyone seen the Abominable Snowman?

Где мои́ очки́? - Where are my glasses?

очки́ - "glasses" - is a plural noun with no singular. The genitive is очко́в.

жи́дкость - a liquid

Abstract nouns that end in -ость are feminine.

ско́рость   - speed   до́лжность - post / duty

You can often guess the meaning of a Russian word from its root

боль   - pain   больно́й   - a patient
больни́ца   - hospital   боле́ть   - to hurt / to be ill

УПРАЖНЕНИЯ   УРОК 5

1. Найди́те отве́ты на вопро́сы

а. Почему́ Людми́ла пошла́ к врачу́?

б. Как давно́ она́ себя́ пло́хо чу́вствует?

в. Что врач рекоменду́ет Лю́де?

г. У кого́ боли́т зуб?

д. У кого́ боли́т живо́т?

е. Что врач рекоменду́ет иностра́нцу?

> Около ме́сяца.   У иностра́нца.
> У Ива́на.   Не ходи́ть в столо́вую.
> Потому́ что она́ пло́хо себя́ чу́вствовала.
> Принима́ть поливитами́ны и отдыха́ть.

2. Впиши́те слова́

а. Людми́ла пло́хо себя́ _____, осо́бенно по _____. Она́

_____ себя́ чу́вствует о́коло _____. Врач слу́шает её

_____ и _____. Он говори́т, что всё _____, но он

_____ отдыха́ть. Он _____ ей _____ на

поливитами́ны.

> реце́пт - даёт - лёгкие - чу́вствует - пло́хо - утра́м
> ме́сяца - рекоменду́ет - се́рдце - в поря́дке

б. Ива́н _____ получи́ть тало́н к _____ врачу́. Он сказа́л, _____ у него́ боли́т _____. Но когда́ он _____ Людми́лу, он _____ о _____. Он спроси́л, почему́ она́ _____ у _____.

> была́ - зубно́му - зуб - зу́бе - врача́
> забы́л - хоте́л - что - уви́дел

3. Впиши́те пропу́щенные слова́

а. Я пло́хо себя́ _____.
б. Голова́ _____.
в. Принима́йте по одно́й _____ в день.
г. Мне пло́хо по _____.
д. Я не _____ принима́ть лека́рства.
е. Вот вам _____ на поливитами́ны.
ж. В поликли́нике есть _____?

> боли́т
> табле́тке
> рекоменду́ю
> апте́ка
> реце́пт
> утра́м
> чу́вствую

4. Впиши́те пропу́щенные слова́

а. Я не хочу́ чита́ть. У меня́ боля́т _____.
б. Я не хочу́ есть. У меня́ боли́т _____.
в. Он не хо́чет идти́ гуля́ть. У него́ боли́т _____.
г. Я не могу́ писа́ть. У меня́ боли́т _____.

> живо́т
> рука́
> нога́
> глаза́

ДАВАЙТЕ ПОГОВОРИМ!

1. Ча́сти лица́ и те́ла

Преподава́тель и́ли оди́н из студе́нтов говори́т:
– Покажи́те у́ши!
Все студе́нты должны́ показа́ть у́ши.
– Покажи́те ле́вую ру́ку!
Все студе́нты должны́ показа́ть ле́вую ру́ку.
и т.д.

2. Коммуникати́вная игра́ в кругу́. В за́ле ожида́ния

Михаи́л говори́т: – У меня́ боли́т голова́.
Анна говори́т: – У Михаи́ла боли́т голова́, а у меня́ боли́т зуб.
и т.д.

3. Разговоры о болезнях

Узнайте у других студентов о том,
чем они болели, и когда это было.

Болезни	
Ангина	(tonsillitis)
Аппендицит	
Ветрянка	(chicken pox)
Грипп	
Свинка	(mumps)

Например:

– У вас был аппендицит?
– Да.
– Когда это было?
– В детстве, когда мне было 8 лет.

Или:

– Нет. У меня не было аппендицита. А у вас?

4. Ролевая задача в парах. У врача

Разыграйте диалог, сначала с помощью учебника,
потом самостоятельно.

> **Врач**
> Приветствует больного.
> Спрашивает, что с ним / с ней.
> Осматривает горло.
> Слушает сердце, лёгкие.
> Говорит, что всё в порядке, надо только отдыхать.
> Если нужно, даёт таблетки от головной боли.

> **Больной**
> Объясняет, что плохо спит, что голова болит и что нет аппетита.
> Просит таблетки от головной боли.

5. Игра в кругу. Кому вы пишете письмо?

Нина говорит: – Я пишу письмо новому Президенту.
Сергей говорит: – Нина пишет письмо новому Президенту, а я
                        пишу письмо московской студентке.

и т.д.

> новый Президент - американский агент - старый коммунист
> русский журналист - молодая актриса - английский бизнесмен
> московская студентка - красивая журналистка

6. Игра в группе

Один студент выходит из комнаты. Другие решают, кто из них
новый Президент, кто американский агент, и т.д.
Студент возвращается в комнату.
Попросите его отдать вино новому Президенту.
Студент должен узнать, кто новый Президент и отдать ему вино.
Он говорит: – Я даю вино новому Президенту.
и т.д.

7. **Игра́ с ка́рточками. Кому́ вы хоти́те позвони́ть?**
   Сде́лайте ка́рточки со слова́ми из упражне́ния 5 и со сле́дующими
   вопро́сами:
   Кому́ вы хоти́те позвони́ть?
   Кому́ вы хоти́те написа́ть письмо́?
   Кому́ вы хоти́те отпра́вить электро́нное письмо́?
   Кому́ вы хоти́те посла́ть СМС?
   Кому́ вы хоти́те отпра́вить факс?
   и т.д.

   Студе́нты по о́череди пока́зывают по две ка́рточки в па́рах и даю́т
   отве́ты друг дру́гу, испо́льзуя слова́ на ка́рточках.

   ## Кому вы хотите послать факс?

   ### Американский агент

   – *Я хочу́ посла́ть факс америка́нскому аге́нту!*

8. **Отры́вок из ска́зки «Кра́сная Ша́почка»**
   Вы́учите отры́вок, пото́м расскажи́те его́ друг дру́гу.
   43

   Кра́сная Ша́почка прилегла́ ря́дом с во́лком и спра́шивает:
   – *Ба́бушка, почему́ у вас таки́е больши́е ру́ки?*
   – *Это что́бы покре́пче обня́ть тебя́, дитя́ моё.*
   – *Ба́бушка, а почему́ у вас таки́е больши́е у́ши?*
   – *Что́бы лу́чше слы́шать тебя́, дитя́ моё.*
   – *Ба́бушка, почему́ у вас таки́е больши́е глаза́?*
   – *Что́бы лу́чше ви́деть, дитя́ моё.*
   – *Ба́бушка, каки́е у вас больши́е зу́бы!*
   – *Это что́бы скоре́е съесть тебя́!!!*

ДАВА́ЙТЕ ПОСЛУ́ШАЕМ!   УРО́К 5

Прослу́шайте диало́г и отве́тьте на вопро́сы
а. Что боли́т у Ива́на?
б. Как до́лго боли́т?   44
в. Он принима́ет лека́рства?
г. На что у него́ аллерги́я?

Что случи́лось с Ма́йклом?! Сын ва́ших друзе́й Майкл Смит пое́хал
в Росси́ю как тури́ст, но он не верну́лся с гру́ппой. Его́ роди́тели получи́ли
факс из Москвы́. Узна́йте:

а.   Из како́й организа́ции э́тот факс?
б.   Где Майкл сейча́с?
в.   Что с ним случи́лось?
г.   Когда́ он прие́дет домо́й?
д.   Ну́жно ли посла́ть ему́ де́ньги?

45

ЦЕНТРАЛЬНОЕ ТУРИСТИЧЕСКОЕ АГЕНТСТВО
Озерковская наб. 50, г. Москва
тел. 095-235-14-68
факс 095-235-13-04

Факс
12.08.93
Господину Смиту
0121 433 1289

Уважаемый Господин Смит!
Вам пишет представитель Центрального Туристического Агентства,
Вячеслав Дуров. Дело в том, что Ваш сын Майкл серьёзно заболел.
Во Владимире у него сильно заболел живот. Сначала мы думали,
что он что-то съел или выпил, но врачи сказали, что у него
аппендицит, и ему нужна срочная операция. Мы отвезли Майкла
в Москву, и там вчера его прооперировали. Операция прошла
хорошо, и Майкл уже чувствует себя гораздо лучше. Врачи думают,
что через неделю он сможет поехать домой. Мы постараемся
взять ему билет на воскресенье, 20-ое августа, и сообщим Вам
факсом или по телефону номер рейса.

Мы очень сожалеем о случившемся, но надеемся, что теперь у
вашего сына всё будет хорошо.

С уважением,

Вячеслав Дуров

РОМАНС: «НЕ УЕЗЖАЙ, ТЫ, МОЙ ГОЛУБЧИК!»

Не уезжа́й, ты, мой голу́бчик!
Печа́льно жить мне без тебя́.
Дай на проща́ние обеща́ние,
Что не забу́дешь ты меня́.

Скажи́, ты, мне,
Скажи́, ты, мне,
Что лю́бишь меня́!
Что лю́бишь меня́!

Скажи́, ты, мне,
Скажи́, ты, мне,
Что лю́бишь ты меня́!

Когда́ поро́й тебя́ не ви́жу,
Грустна́, заду́мчива сижу́.
Когда́ рече́й твои́х не слы́шу,
Мне ка́жется, я не живу́.

Скажи́ ты мне...

Поёт Мари́я Тхорже́вская.
На гита́ре игра́ет Дан Ви́нер.
Мари́я и Дан живу́т и рабо́тают
в Швейца́рии.

Информа́цию о пе́сеннике для студе́нтов
ру́сского языка́ Вы найдёте на страни́це:
www.ruslan.co.uk/songbook.htm

Ivan takes Lyudmila to the shops to buy her a present. She has a thorough session in the women's clothes department. Ivan also wants to buy a CD, but they are distracted by seeing Peter. What can he be buying in the jewellery department?! Meanwhile the **типичный иностранец** is buying some of his favourite chocolate!

In this lesson you will learn:
- ❑ words you need when shopping
- ❑ to talk about colours and sizes.

The grammar includes:
- ❑ the prepositional singular of masculine adjectives, as in **на первом этаже** - "on the first (ground) floor"
- ❑ the prepositional for "in" a particular year, as in **в 1992-ом году** - "in 1992"
- ❑ the superlative of adjectives.

There is an information item on **русские магазины** (Russian shops), and exercises on **цены продуктов** (the prices of food). The listening exercise is an advertisment for a music shop - **реклама музыкального магазина** - and there are two reading exercises, one from the bargain pages and the other an article on the work of Cadbury's in Russia.

The student workbook contains 18 additional exercises, including conversations with Misha and Lyuda about food shopping. The Ruslan 2 CDRom version of this lesson contains 30 interactive exercises with sound, including video exercises.

Магазин ГУМ. Главный Универсальный Магазин

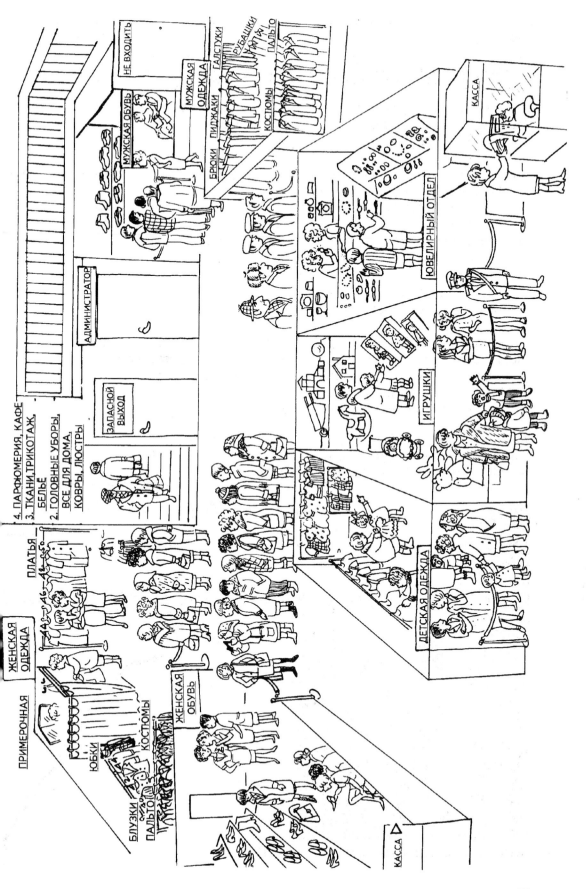

В магазине
47

| Иван: | Хороший магазин, правда? Посмотрим! «Парфюмерия», «Хрусталь»... Куда мы пойдём? Я хочу подарить вам хорошие часы. Тогда каждый раз, когда вы будете смотреть на часы, вы будете думать обо мне... |
| Людмила: | Не надо! Часы у меня уже есть. Пойдёмте в отдел женской одежды. Это на втором этаже. |

В отделе женской одежды
48

Людмила:	Девушка, можно посмотреть вот это платье?
Продавщица:	Зелёное?
Людмила:	Да. Сколько оно стоит?
Продавщица:	Пятьсот рублей.
Людмила:	Можно его померить?
Продавщица:	Пожалуйста.

Людмила мерит платье
49

Людмила:	Это платье мне мало. Оно сорок четвёртого размера. А сорок шестой размер у вас есть?
Продавщица:	Посмотрим. Сорок шестой размер... Зелёного нет. Есть жёлтого цвета, синего, коричневого и красного.
Иван:	Людочка, возьмите красное платье!
Людмила:	Да! Я возьму красное платье и серую юбку.
Продавщица:	Хорошо. Платите в кассу.

Иван платит в кассу
50

Людмила:	Большое спасибо, Иван. Это хороший подарок. Вы думаете, что платье мне идёт?
Иван:	Да, конечно. Это очень красивое платье.
Людмила:	А юбка не велика?
Иван:	Нет, конечно. Она короткая, но это вам идёт.
Людмила:	Какой вы милый человек! А я хочу посмотреть сапоги. Девушка! А где у вас отдел обуви?
Продавщица:	Отдел обуви закрыт.
Иван:	Как жаль! А где музыкальный отдел? Я хочу купить компакт-диск...
Продавщица:	На первом этаже.
Людмила:	Подождите, Иван, мне надо купить шляпу и плащ.
Иван:	Люда, смотрите... вон наш англичанин!
Людмила:	Где? Я его не вижу.
Иван:	Вон там, в сером костюме.
Людмила:	Да, действительно, это Питер! Интересно, что он покупает в ювелирном отделе?...

Пи́тер покупа́ет кольцо́

51

Пи́тер:	Скажи́те, пожа́луйста, ско́лько сто́ит э́то кольцо́?
Продавщи́ца:	Две ты́сячи восемьсо́т.
Пи́тер:	Э́то зо́лото?
Продавщи́ца:	Зо́лото.
Пи́тер:	Хорошо́, я возьму́ его́. В каку́ю ка́ссу на́до плати́ть?
Продавщи́ца:	Во втору́ю нале́во.

Конди́терский отде́л. Иностра́нец покупа́ет шокола́д

52

Иностра́нец:	Како́й шокола́д вы рекоменду́ете?
Ру́сский:	Я рекоменду́ю шокола́д «Кэ́дбери». Э́то са́мый лу́чший шокола́д. Рекла́ма так и говори́т: – То́лько настоя́щий шокола́д мо́жет носи́ть и́мя «Кэ́дбери»! Фи́рма начала́ продава́ть шокола́д в Росси́и в девяно́сто второ́м году́. По-мо́ему, шокола́д о́чень вку́сный.
Иностра́нец:	Хорошо́. Я то́же ду́маю, что э́то са́мый вку́сный шокола́д. Да́йте, пожа́луйста, две пли́тки «Фрут энд нат».

парфюме́рия	perfume department	костю́м	a suit
хруста́ль (m.)	crystal	ювели́рный	jewellery (adj.)
часы́	watch, clock		
тогда́	then	кольцо́	a ring
отде́л	department	зо́лото	gold
же́нский	women's	плати́ть / за-	to pay
оде́жда	clothes		
второ́й	second	конди́терский	confectionery (adj.)
		са́мый	the most
пла́тье	a dress	лу́чший	the best
продавщи́ца	saleswoman	настоя́щий	real
ме́рить / по-	to try on	носи́ть	to carry
		продава́ть / прода́ть	to sell
мал / мала́ / мало́ / малы́	(too) small		
размер	size	пли́тка	bar (of chocolate)
цвет	colour		
ю́бка	skirt		

пода́рок	a present
идти́ (imp. + dat.)	to suit
вели́к / велика́ / велико́ / велики́	(too) big
коро́ткий	short
ми́лый	kind, nice
сапоги́	boots
о́бувь (f.)	footwear
музыка́льный	music (adj.)
компакт-ди́ск	compact disk
шля́па	hat
плащ	raincoat
вон там	over there

цвета́	colours
бе́лый	white
голубо́й	blue
зелёный	green
жёлтый	yellow
кори́чневый	brown
кра́сный	red
ро́зовый	pink
си́ний	dark blue
се́рый	grey
чёрный	black

На пе́рвом этаже́
В ру́сском до́ме пе́рвый эта́ж – э́то англи́йский «ground floor», второ́й эта́ж – э́то англи́йский «first floor», и т.д.

Гости́ница «Октя́брьская» в То́мске. Ско́лько здесь этаже́й?

Магази́ны
В больши́х города́х Росси́и мно́го совреме́нных магази́нов с това́рами из всех стран ми́ра. О́коло кру́пных городо́в нахо́дятся огро́мные це́нтры о́птовой и ро́зничной торго́вли, таки́е, наприме́р, как неме́цкое предприя́тие «METRO» и́ли шве́дский ме́бельный магази́н «Ике́я». В Санкт-Петербу́рге и в Москве́ вы уви́дите са́мые мо́дные и са́мые дороги́е магази́ны ми́ра. Одна́ко, традицио́нные росси́йские магази́ны не исче́зли, и там обы́чно деше́вле. Интерне́товские магази́ны, коне́чно, то́же есть, но они́ не так популя́рны, как в Великобрита́нии.

Центр о́птовой торго́вли «Metro кэш энд керри» недалеко́ от Москвы́

ГРАММАТИКА

обо мне - about me
Learn this as an irregularity.

на второ́м этаже́ - on the second floor (English first floor!)
The masculine and neuter prepositional singular adjective ending is -ом or -ем (see spelling rule 2 on page 140).

в се́ром костю́ме	-	in a grey suit
в ювели́рном отде́ле	-	in the jewellery department
об э́том магази́не	-	about this shop
на Чёрном мо́ре	-	on the Black Sea
на ю́жном берегу́	-	on the southern shore
в моско́вском метро́	-	in the Moscow metro
на Яросла́вском вокза́ле	-	at the Yaroslavsky station
о хоро́шем студе́нте	-	about the good student

на тре́тьем этаже́ - on the third floor
тре́тий - "third" - has it's own declension, inserting a soft sign. See page 141.

в девяно́сто второ́м году́ - in (nineteen) ninety-two
"In a year" uses the prepositional ending - в году́. The ordinal number is an adjective in agreement. More examples:

in 1917	-	в ты́сяча девятьсо́т семна́дцатом году́
in 2000	-	в двухты́сячном году́
in 2001	-	в две ты́сячи пе́рвом году́
in 2006	-	в две ты́сячи шесто́м году́

пла́тье мало́, а ю́бка велика́ - the dress is too small and the skirt too big
мал / мала́ / мало́ / малы́ and вели́к / велика́ / велико́ / велики́ are short form adjectives (see Ruslan 1 lesson 5). In the sense of "too small" and "too large" for clothes, they have no corresponding long form.

есть жёлтого цве́та - there is a yellow one
Literally: "There is one of a yellow colour".

пла́тье мне идёт - the dress suits me
This is an example of the idiomatic use of the verb идти́ meaning "to suit".

сапоги́ - boots
сапо́г - "a boot" - is masculine. The the genitive plural is irregular, also **сапо́г**.

я его́ не ви́жу - I can't see him
Second conjugation verbs (see Ruslan 1 lesson 7) with their stem ending in -д-, mutate this to -ж- in the first person singular of the present or perfective future. For example: ви́деть - "to see":
    я ви́жу, ты ви́дишь, он / она́ ви́дит, мы ви́дим, вы ви́дите, они́ ви́дят

во втору́ю ка́ссу - at the second cash desk
The letter о is inserted after the в because the following word begins вт-. The three consonants coming together would be difficult to pronounce.

са́мый вку́сный шокола́д - the most tasty chocolate
Superlatives are formed using са́мый with the adjective.

са́мая дорога́я маши́на	- the most expensive car
са́мые культу́рные лю́ди	- the most cultured people

A small number of adjectives have a second superlative in -а́йший or -е́йший which generally means "a most ...". You will meet this form in "Ruslan 3".

строжа́йший учи́тель	- a most (very) strict teacher
ближа́йшая ста́нция метро́	- the nearest metro station

Росси́я явля́ется на́шим са́мым больши́м зарубе́жным ры́нком.
    Russia is our biggest foreign market.
явля́ться - "to be" (in formal texts) - is followed by the instrumental. The masculine singular instrumental adjective ending is -ым or -им. See spelling rule 1 page 140.

The declension of adjectives, possessive pronouns and э́тот
You have now met all the singular forms and the nominative and accusative plural forms of adjectives. The remaining forms are in lessons 7, 8 and 9.
The declensions of the pronouns мой, твой, наш, ваш and э́тот are similar to the declension of adjectives. See pages 140 and 141 for tables.

1. Отве́тьте на вопро́сы

а.	Кто хо́чет пойти́ в отде́л же́нской оде́жды?	Людми́ла / Ива́н
б.	Это на како́м этаже́?	На пе́рвом / На второ́м
в.	Како́е пла́тье покупа́ет Людми́ла?	Кра́сное / Зелёное
г.	Что хо́чет купи́ть Ива́н?	Сапоги́ / Компакт-ди́ск
д.	Что покупа́ет Пи́тер?	Костю́м / Кольцо́

2. Впиши́те слова́

Ива́н хо́чет сде́лать _____ Людми́ле, потому́ что он _____
в Сара́нск. Они́ иду́т в _____. Людми́ла хо́чет зелёное
_____, но её _____ нет. Наконе́ц, она́ _____
_____ пла́тье и се́рую _____.

Пото́м они́ _____ в музыка́льный отде́л, потому́ что Ива́н хо́чет
_____ компакт-ди́ск.

Пи́тер то́же в _____. Он покупа́ет кольцо́ в _____ отде́ле.

кра́сное - возвраща́ется - ювели́рном - купи́ть
магази́н - магази́не - пода́рок - ю́бку - иду́т
разме́ра - пла́тье - покупа́ет

3. В магази́не. Отве́тьте на вопро́сы

а. Где мо́жно купи́ть ю́бку?
б. Где мо́жно купи́ть во́дку?
в. Где мо́жно купи́ть кольцо́?
г. Где мо́жно купи́ть ту́фли?
д. Где мо́жно купи́ть компакт-ди́ск?
е. Где мо́жно купи́ть шокола́д?

В отде́ле о́буви
В музыка́льном отде́ле
В отде́ле же́нской оде́жды
В ювели́рном отде́ле
В конди́текрском отде́ле
В отде́ле спиртны́х напи́тков

4. Соста́вьте словосочета́ния

хоро́шие	этаже́
зелёное	челове́к
на второ́м	о́буви
кра́сная	ю́бка
большо́е	отде́л
ми́лый	спаси́бо
отде́л	часы́
золото́е	пла́тье
вку́сный	кольцо́
музыка́льный	шокола́д

5. Како́го цве́та? Впиши́те слова́ с ну́жными оконча́ниями

а. Како́го цве́та ло́ндонский авто́бус?   Он _____ цве́та.
б. Како́го цве́та снег?   Он _____ цве́та.
в. Како́го цве́та бана́н?   Он _____ цве́та.
г. Како́го цве́та трава́?   Она́ _____ цве́та.
д. Како́го цве́та росси́йский флаг?
      Он _____, _____ и _____ цве́та.
е. Како́го цве́та украи́нский флаг?
      Он _____ и _____ цве́та.
ж. Како́го цве́та англи́йский "блэк кэб"?   Он _____ цве́та.

> бе́лый - голубо́й - зелёный - жёлтый - кори́чневый
> кра́сный - ро́зовый - си́ний - се́рый - чёрный

6. Впиши́те слова́

а. Са́мая дли́нная _____ в Евро́пе - _____.
б. Са́мый _____ ру́сский поэ́т - Алекса́ндр Серге́евич _____.
в. Са́мый _____ музе́й Росси́и - _____.
г. Са́мая _____ река́ в Сиби́ри - _____.
д. Са́мое _____ о́зеро в Сиби́ри - _____.
е. Са́мое _____ ме́сто в Росси́и - _____.
ж. Са́мая высо́кая гора́ в Росси́и - _____.
з. _____ - э́то _____ лу́чший шокола́д!

> река́ - изве́стный - дли́нная - холо́дное
> большо́й - большо́е - са́мый

> Верхоя́нск - Во́лга - Пу́шкин - Обь - Эрмита́ж
> Эльбру́с - Байка́л - Кэ́дбери

Озеро Байка́л

1.   Рабóта в пáрах. Что есть что?

блýзка	перчáтки
гáлстук	рубáшка
джúнсы	свúтер
кéпка	шарф
носкú	ю́бка

2.   Игрá в кругý. Что вы хотúте купúть?

Ирúна говорúт: – Я хочý купúть жёлтую ю́бку.

Никúта говорúт: – Ирúна хóчет купúть жёлтую ю́бку, а я хочý
                                    купúть крáсную рубáшку.

и т.д.

3.   Опишúте вáших друзéй. Как онú одéты?

На Пúтере сéрый костю́м и у негó жёлтый гáлстук.

На Джúме ....

и т.д.

4.   Ролевáя задáча в пáрах. «В магазúне»

Разыгрáйте диалóг, сначáла с пóмощью учéбника, потóм
самостоя́тельно.

Покупáтель

Спрáшивает, скóлько стóят компакт-дúски.

Хóчет послýшать пя́тую симфóнию Чайкóвского.

Продавéц

Компакт-дúски стóят 400 рублéй.

В э́том магазúне тóлько поп-мýзыка и джаз.

Дúски с классúческой мýзыкой мóжно купúть в магазúне
«Мелóдия» на Нóвом Арбáте. Стáнция метрó – «Арбáтская».

---

5. На како́м этаже́? Задава́йте друг дру́гу вопро́сы

   – Вы живёте в кварти́ре?
   – На како́м этаже́ ва́ша кварти́ра?
   – У вас есть со́бственный дом?
   – Ско́лько у вас этаже́й?
   – Каки́е ко́мнаты на пе́рвом, на второ́м, на тре́тьем этаже́?
И т.д.

6. Универма́г. На како́м этаже́?

Посмотри́те на фотогра́фию. Попро́буйте запо́мнить, каки́е отде́лы на како́м этаже́.

Пото́м зада́йте друг дру́гу вопро́сы:
   – На како́м этаже́ мо́жно купи́ть ю́бку?
   – Ю́бку? Это же́нская оде́жда. Это на второ́м этаже́.
и т.д.

7. Где мо́жно купи́ть ...?
Соста́вьте предложе́ния по образцу́:
Мо́жно купи́ть кни́гу в кни́жном магази́не.

кни́га	кни́жный магази́н
конве́рты	музыка́льный магази́н
откры́тки	де́тский магази́н
джи́нсы	по́чта
колбаса́	продово́льственный магази́н
крова́ть	ме́бельный магази́н
компа́кт-ди́ск	суперма́ркет
шампа́нское	кио́ск
матрёшки	магази́н оде́жды
игру́шки	ГУМ

8. **Рабо́та в па́рах. Разыгра́йте диало́ги по образцу́**

а. **На у́лице**

    – Скажи́те, пожа́луйста, где здесь Большо́й теа́тр?

    – Где Большо́й теа́тр? Извини́те, я не зна́ю.

б. **На у́лице**

    – Скажи́те, пожа́луйста, как пройти́ к Большо́му теа́тру?

    – Как пройти́ к Большо́му теа́тру? Извини́те, я не зна́ю.

в. **В тролле́йбусе**

    – Извини́те. Этот тролле́йбус идёт до Большо́го теа́тра?

    – До Большо́го теа́тра? Извини́те, я не зна́ю.

9. **«Са́мый … » Обсужда́йте в па́рах:**

Кто, по-ва́шему, са́мый изве́стный ру́сский поэ́т?

Кто са́мый изве́стный актёр?

Кто са́мая изве́стная актри́са?

Кто са́мый популя́рный певе́ц?

Кто са́мая популя́рная певи́ца?

Кака́я са́мая популя́рная ру́сская наро́дная пе́сня?

Кто са́мый изве́стный ру́сский компози́тор?

Како́й са́мый лу́чший рестора́н в Ло́ндоне, в Пари́же, в Москве́, в ва́шем го́роде, и т.д.?

Кака́я са́мая лу́чшая маши́на?

Како́е са́мое краси́вое ру́сское и́мя?

Каки́е са́мые бога́тые стра́ны ми́ра?

Каки́е са́мые бе́дные?

10.   Рабо́та в па́рах. Ско́лько э́то сто́ит?

ПРИМЕРЫ ЦЕН В МОСКВЕ, ЯНВАРЬ 2011	
Литр молока́	35 рубле́й
Бато́н хле́ба (400г.)	16 рубле́й
Кило́ карто́феля	45 рубле́й
Кило́ бана́нов	45 рубле́й
Шампа́нское «Сове́тское»	112 рубле́й
Во́дка «Пу́тинка»	120 рубле́й
Пэ́пси Ко́ла (2 ли́тра)	52 рубля́
Ко́мпакт-диск	400 рубле́й
Ка́рточка на метро́	28 рубле́й
Биле́т на авто́бус	28 рубле́й
Маши́на ВАЗ 2107	200.000 рубле́й

Шампа́нское «Сове́тское»

ВАЗ 2107 Седан
Время разгона от 0 до 100 км/ч : 17с
Максимальная скорость, км/ч : 150

а.   Постара́йтесь запо́мнить э́ти це́ны.
Зате́м зада́йте друг дру́гу вопро́сы ти́па:
– Ско́лько сто́ит литр молока́?
– Литр молока́ сто́ит 35 рубле́й.
– Ско́лько сто́ят два ли́тра молока́?
– Два ли́тра молока́ сто́ят 70 рубле́й.
– Ско́лько сто́ят бана́ны?
– Бана́ны сто́ят 45 рубле́й килогра́мм.
и т.д.

б.   Эти це́ны, наве́рное, измени́лись.
Узна́йте у Ва́шего преподава́теля
и́ли в интерне́те, каки́е це́ны
сего́дня на проду́кты в Росси́и.

Для того, чтобы узнать самую
последнюю информацию по этому
вопросу, посмотрите на страницу:
www.ruslan.co.uk/ruslan2.htm

Ско́лько сто́ит арбу́з?

11. Какой диск вы хотите купить и почему?

| ДАВАЙТЕ ПОСЛУШАЕМ! | УРОК 6 |

Радио реклама музыкального магазина
53 Прослушайте рекламу и ответьте на вопросы:
а.   Продают ли в магазине классическую и народную музыку?
б.   Какой у магазина адрес?
в.   Какой у магазина телефон?
г.   Какая ближайшая станция метро?

| ДАВАЙТЕ ПОЧИТАЕМ! |

1.   Торговый ряд

◆ Продаются щенки породы
бультерьер. Импорт.
Тел. 249-64-72

◆ Установка декодеров
ПАЛ/СЕКАМ. Перестройка звука.
Все работы на дому у заказчика
и с гарантией.
Тел. 994-05-86

◆ Куплю квартиру в Москве.
Тел. 279-24-23

◆ Куплю красный "Мерседес".
Тел. 312-67-56

◆ Продаю белое свадебное
платье 46 размера.
Тел. 434-68-53

◆ Продаю радиатор и мотор
от "Вольво" (1994г.)
Тел. 112-32-11

◆ Продаю новый мужской плащ.
Чёрного цвета.
Тел. 873-90-01

◆ Ремонт швейных машин
всех систем на дому
у заказчика.
Тел. 962-06-16

а.   Какая одежда продаётся?
б.   Какую машину хотят купить?

2. **Фи́рма Кэ́дбери в Росси́и.**
   Прочита́йте текст и отве́тьте на вопро́сы

a. Когда́ фи́рма начала́ продава́ть шокола́д в Росси́ю?
б. Ско́лько тонн она́ продала́ в 1994-ом году́?
в. Где реши́ли постро́ить но́вую шокола́дную фа́брику?
г. Где нахо́дится фа́брика фи́рмы Кэ́дбери в Англии?

КЭДБЕРИ ПРОДАЕТ ШОКОЛАД В РОССИЮ!

Бирмингемская фирма Кэдбери является самой большой фирмой, производящей шоколад в Великобритании. В 1992-ом году через дистрибьютора РОСТЕЛ она начала продавать шоколад в Россию.

В 1992-ом году фирма экспортировала 220 тонн шоколада, в 1993-ем году 5.300 тонн, а в 1994-ом году - более 16.000 тонн.

Региональный менеджер по маркетингу Крис Кэпстик объясняет: «Это огромный успех, которого мы не ожидали. Но наш агент РОСТЕЛ развил сеть дистрибьюторов в городах Москва, Санкт-Петербург, Новосибирск, Краснодар и Рига (в Латвии). Мы провели широкую рекламу по телевидению и в метро в Москве и в Санкт-Петербурге. Теперь Россия является нашим самым большим зарубежным рынком».

В 1995-ом году фирма Кэдбери решила построить новую шоколадную фабрику в городе Чудово около Новгорода в 100 километрах от Санкт-Петербурга. Эта фабрика открылась в июле 1997-ого года.

В 2010-ом году́ фи́рму Кэ́дбери купи́ла америка́нская гру́ппа Крафт.

Для информа́ции о Кэ́дбери в Росси́и смотри́те
www.cadbury.ru

ПИШИТЕ!

Напиши́те два сочине́ния

a. Це́ны проду́ктов в Англии и в Росси́и.
б. Что я хочу́ купи́ть и почему́.

Peter and Lyudmila set off to Sergiev Posad from the Yaroslavsky railway station. On the way Lyudmila gets off - she has things to do in Sofrino - and Peter has to go on on his own. They meet up again for lunch, and on the way home Peter asks Lyudmila to marry him, but doesn't get an answer. Meanwhile the **типичный иностранец** is trying to understand how the Russians have renamed their towns, and then has problems on the night train to Moscow.

You will learn:
❑   useful words for travelling by train
❑   how to make a proposal.
The grammar includes:
❑   the definite and indefinite forms of the Russian verbs "to go" in the infinitive and in present and the past, and with various prefixes
❑   the use of **который** - "which"
❑   the genitive plural of adjectives
❑   the use of the instrumental with **становиться / стать** - "to become"

Information texts are about Sergiev Posad (**Сергиев Посад**), and about the names of Russian towns (**названия российских городов**). In the listening exercise Lyudmila is trying to buy a train ticket, and the reading passage is an article on the railway system in Russia.

The student workbook contains 18 additional exercises for this lesson, including a conversation with Misha about travelling to Moscow, and a conversation about Sofrino.
The Ruslan 2 CDRom version of this lesson contains 31 interactive exercises with sound, including a video exercise.

Объявление на улице в Саратове

Ruslan Russian 2. Lesson 7

На Яросла́вском вокза́ле в Москве́

55

Людми́ла: Уже́ по́здно, скоре́е. По́езд отправля́ется че́рез пятна́дцать мину́т. Скоре́е, купи́те биле́ты, а я ещё раз посмотрю́ расписа́ние.

Пи́тер: Я уже́ посмотре́л расписа́ние. Нам лу́чше е́хать по́ездом, кото́рый идёт в Алекса́ндров.

Людми́ла: Я не по́мню, э́тот по́езд остана́вливается в Со́фрино?

Пи́тер: Все поезда́ остана́вливаются в Со́фрино. А почему́ вы спра́шиваете?

Людми́ла: Ла́дно, иди́те за биле́тами, а я пойду́ узна́ть, с како́й платфо́рмы отхо́дит наш по́езд.

В электри́чке

56

Людми́ла: Пи́тер, я вы́йду в Со́фрино, ла́дно? У меня́ там дела́. Вы мо́жете пое́хать в Заго́рск оди́н.

Пи́тер: Но как же так?...

Людми́ла: Я прие́ду в Заго́рск попо́зже. А вы, когда́ прие́дете в Заго́рск, иди́те в монасты́рь.

Пи́тер: Но я в Заго́рск ни ра́зу не е́здил. Я не зна́ю, как пройти́ к монастырю́.

Людми́ла: От вокза́ла бу́дет ви́дно. Как вы́йдете из по́езда, вы уви́дите вдали́ купола́. Э́то то́лько мину́т пятна́дцать пешко́м. Мы встре́тимся на террито́рии монастыря́, о́коло фонта́на, в два часа́, и пойдём в рестора́н пообе́дать. А вот и Со́фрино! Бы́стро дое́хали, пра́вда?! Мне пора́ выходи́ть! Пока́!

Пи́тер: Ох, уж э́ти же́нщины!

На обра́тном пути́

57

Людми́ла: Пи́тер, а расскажи́те, что вы де́лали в Заго́рске без меня́.

Пи́тер: Мне повезло́. Как то́лько я сошёл с по́езда, я уви́дел гру́ппу америка́нских тури́стов. Они́, коне́чно, то́же шли в монасты́рь, и я пошёл за ни́ми. Я ходи́л по монастырю́, зашёл в це́рковь, а пото́м я пошёл в музе́й. Бы́ло о́чень краси́во, но без вас бы́ло ску́чно... А заче́м вы вы́шли в Со́фрино?

Людми́ла: У меня́ там бы́ли дела́. А вам понра́вилось в Заго́рске?

Пи́тер: Ну, коне́чно! О́чень понра́вилось!... Лю́да, здесь о́чень мно́го наро́ду. Я хочу́ с ва́ми поговори́ть... Дава́йте вы́йдем на сле́дующей остано́вке, погуля́ем, поговори́м, а пото́м пое́дем на сле́дующем по́езде.

Людми́ла: Хорошо́, е́сли хоти́те. Пого́да хоро́шая, и поезда́ хо́дят ка́ждый час.

На ста́нции. Пи́тер де́лает предложе́ние

58

Пи́тер: Людми́ла, я не зна́ю, как э́то сказа́ть. Бу́дьте мое́й жено́й!

Людми́ла: Что???!

Пи́тер: Вот э́то кольцо́ я купи́л для вас, смотри́те!

Людми́ла: Бо́же мой! Оно́ о́чень краси́вое. Пи́тер, вот идёт по́езд. Дава́йте, пое́дем. Скоре́е!...

Пи́тер: Я вас так люблю́...

Людми́ла: Пи́тер, я не зна́ю. На́до поду́мать. Кольцо́ мне нра́вится. Дава́йте пое́дем!

Пи́тер: Ну, коне́чно, коне́чно, я понима́ю. Я наде́юсь...

Типичный иностранец спрашивает о Загорске

Иностранец:	Я не понял, как называется этот город, Сергиев Посад или Загорск?
Экскурсовод:	Раньше он назывался Загорск, а теперь это Сергиев Посад.
Иностранец:	Значит, как Ленинград и Санкт-Петербург?
Экскурсовод:	Да, и Самара раньше была Куйбышев, Волгоград был Сталинград. Много городов переименовали.
Иностранец:	Понятно. Спасибо.

Типичный иностранец едет ночным поездом в Москву

Иностранец:	Скажите, здесь очень жарко. Можно открыть окно?
Проводница:	К сожалению, нет.
Иностранец:	А почему?
Проводница:	Окна закрыты на зиму.
Иностранец:	Но уже июнь, и тридцать градусов.
Проводница:	Да. А что делать?

Пауза

Иностранец:	Скажите, пожалуйста, когда мы будем в Москве?
Проводница:	В шесть тридцать. А туалеты закрываются в пять.
Иностранец:	Что?
Проводница:	Туалеты закрываются в пять часов утра. Санитарная зона города Москвы. Вы будете чай?
Иностранец:	Нет, спасибо.

отправляться / отправиться	to set off	церковь (f.)	church
который	which (see grammar)	скучно	boring
останавливаться / остановиться	to stop; to stay		(the ч is pronounced as a ш)
узнавать / узнать	to find out	нравиться / по- Вам понравилось?	to please Did you like it?
платформа	platform	остановка	a stop
отходить / отойти	to leave	гулять / по-	to walk
		предложение	proposal
выходить / выйти	to get off, go out	Будьте!	Be!
попозже	a bit later	Боже мой!	My God!
монастырь (m.)	monastery	надеяться (imp.)	to hope
ни разу	not once, never		
ездить (imp.)	to go (regularly by transport)	называться (imp.) значит ... (perf.)	to be named that means ...
видеть / у-	to see	переименовать	to rename
вдали	in the distance		
купол (pl. купола)	dome	к сожалению	unfortunately
территория	territory	на зиму	for the winter
быстро	quickly	закрываться / закрыться	to be closed
пора	it is time to		
женщина	a woman	санитарный зона	sanitary (adj.) zone
обратный	return (adj.)	Вы будете чай?	Вы будете пить чай?
путь (m., see grammar)	journey; track		(conversational)
мне повезло	I was lucky		

Сергиев Посад

62

Сергиев Посад – небольшой город в Московской области.
Главная достопримечательность города – Троице-Сергиева Лавра.
Это большой религиозный православный центр. На территории
Троице-Сергиевой Лавры находится музей с памятниками архитектуры
15-18 веков, московская духовная академия и духовная семинария.

Сергиев Посад находится в семидесяти километрах от Москвы, на
северо-востоке. Туда можно доехать на автобусе или на электричке.
В городе бывает много русских и иностранных туристов.

В Сергиевом Посаде. Успенский собор

Названия российских городов

63

Во время перестройки многие русские города вернулись к старым, то есть
дореволюционным названиям. Ленинград стал Санкт-Петербургом,
Куйбышев стал Самарой, Горький стал Нижним Новгородом, Свердловск
стал Екатеринбургом, Калинин стал Тверью, а Загорск стал Сергиевым
Посадом.

С 1914 по 1924 год Санкт-Петербург имел третье название – Петроград,
и до 1925 года Волгоград назывался Царицыным.

Многие люди по привычке пользуются старыми названиями городов.
Поэтому Людмила говорит о «Ленинграде» и о «Загорске».

Не все старые названия поменялись. Например, поезда из Москвы до
Санкт-Петербурга отправляются с Ленинградского вокзала.

ГРАММАТИКА

Verbs of motion

There are two definite forms of the verb "to go" in Russian.

идти́ / пойти́	-	to go on foot, to walk
е́хать / пое́хать	-	to go by transport, to travel

There are also indefinite forms which are used for regular or repeated journeys, or for movement in general.

ходи́ть	-	to go on foot, to walk
е́здить	-	to go by transport, to travel

Он хо́дит в шко́лу.	He goes to school.
Я хожу́ на по́чту ка́ждый день.	I go to the post office every day.
Я туда́ никогда́ не е́здил.	I have never been there.
Она́ ча́сто е́здит в Со́фрино.	She often goes to Sofrino.

> When you are talking about regular journeys or timetables, trains and buses etc., use идти́ or ходи́ть - "to go by foot"!
> Этот авто́бус идёт в центр?   Does this bus go to the centre?
> Поезда́ хо́дят ка́ждый час.   The trains run every hour.

Verbs of motion are used with prefixes for movement in different directions

от-	отходи́ть / отойти́	-	to walk away from, to leave
	отъезжа́ть / отъе́хать	-	to drive away from, to leave
в-	входи́ть / войти́	-	to go in, to enter (on foot)
	въезжа́ть / въе́хать	-	to drive in to
вы-	выходи́ть / вы́йти	-	to walk out of / get off
	выезжа́ть / вы́ехать	-	to drive out of
при-	приходи́ть / прийти́	-	to arrive (on foot)
	приезжа́ть / прие́хать	-	to arrive (by transport)
до-	доходи́ть / дойти́	-	to walk up to, to reach
	доезжа́ть / дое́хать	-	to drive up to, to reach
с-	сходи́ть / сойти́	-	to go down, to get off
	съезжа́ть / съе́хать	-	to drive down
за-	заходи́ть / зайти́	-	to call in on (on foot)
	заезжа́ть / зае́хать	-	to call in on (by transport)

По́езд отхо́дит.	-	The train leaves / is leaving.
Я вы́йду в Со́фрино.	-	I will get off at Sofrino.
Я прие́ду в Заго́рск.	-	I will get to Zagorsk.
Мы бы́стро дое́хали.	-	We have got here quickly.
Я сошёл с по́езда.	-	I got off the train.
Я зашёл в це́рковь.	-	I went in to the church (a quick visit).

Other prefixes:	пере-	-	across
	про-	-	through
	у-	-	leaving

По́езд, кото́рый идёт в Алекса́ндров ...
The train which goes to Aleksandrov ...

кото́рый means "which". It is used to link two halves of a sentence, and declines like an adjective. кото́рый is preceded by a comma.

дом, в кото́ром я живу́	- the house I live in
де́вушка, кото́рую я люблю́	- the girl I love
тури́ст, с кото́рым я встре́тился	- the tourist I met
пе́сни, кото́рые он пел	- the songs he sang
де́ньги, о кото́рых она́ забы́ла	- the money she had forgotten about

> кото́рый is also used in:
> В кото́ром часу́?   At what time?

Иди́те за биле́тами!   Go and get the tickets!

за meaning "for" (when fetching something) or "behind" (being behind something) takes the instrumental. See lesson 10 for more examples.

Я пошёл за хле́бом.	I went for some bread.
Он стои́т за мной.	He is standing behind me.

мину́т пятна́дцать - about fifteen minutes

To convey the idea of approximate numbers, times or quantities, you can put the number after the noun.

мину́т пятна́дцать	-	about fifteen minutes
часо́в в пять	-	at about five o'clock
лет два́дцать наза́д	-	about twenty years ago

гру́ппа америка́нских тури́стов - a group of American tourists

This is an example of the genitive plural of adjectives.
The ending is -ых or -их (see spelling rule 1, page 140).

пери́од бе́лых ноче́й	-	the period of the White Nights
два́дцать квадра́тных киломе́тров	-	twenty square kilometres
мно́го иностра́нных госте́й	-	a lot of foreign guests
нет хоро́ших новосте́й	-	there is no good news

на обра́тном пути́ - on the return journey

путь is an irregular noun with its own unique declension. Though it is masculine, three of the singular endings appear to be feminine.

	Nom.	Acc.	Gen.	Dat.	Instr.	Prep.
SING.	путь	путь	пути́	пути́	путём	пути́
PLURAL	пути́	пути́	путе́й	путя́м	путя́ми	путя́х

Бу́дьте мое́й жено́й!   Be my wife!

This is the imperative of быть - "to be". Here it takes the instrumental case.

Бо́же мой!   My God!

This is an old vocative case which is no longer used except in a few exclamations, and very colloquially with family or friends. The word for "God" is бог.
See Ruslan 3, lesson 10.

О́кна закры́ты на́ зиму.   The windows are closed for the winter.

Sometimes in set phrases the stress moves to the preposition. Here both the syllables in зиму are unstressed. The stress is on the preposition на́.

становиться / стать - to become

The imperfective infinitive is reflexive, but the perfective infinitive is not.
This verb is followed by the instrumental case.

Ленинград стал Санкт-Петербургом, Куйбышев стал Самарой.

There are more examples in lesson 8:

стать инженером   -   to become an engineer
стать директором   -   to become a director

УПРАЖНЕНИЯ   УРОК 7

1.   Выберите ответ

а.   Кто купил билеты?   Питер / Людмила
б.   Их поезд останавливался в Софрино?   Да / Нет
в.   Питер и Людмила поехали в Сергиев Посад вместе?   Да / Нет
г.   Монастырь далеко от вокзала?   Да / Нет
д.   Они встретились в ресторане?   Да / Нет
е.   Кольцо понравилось Людмиле?   Да / Нет
ж.   Питер любит Людмилу?   Да / Нет
з.   Она любит его?   Да / Нет / Мы не знаем

2.   Впишите пропущенные глаголы

Людмила _____, что их поезд _____ с пятой платформы.
Людмила _____ из поезда в Софрино, потому что у неё там
_____ дела. Питер _____ в Сергиев Посад один.
Он не _____, как _____ в монастырь.

> были - отходит - поехал - узнала - знал - вышла - пройти

Когда Питер _____ из поезда, он _____ вдали купола
монастыря. На вокзале _____ группа американских туристов.
Они тоже _____ в монастырь, и Питер _____ за ними.
В монастыре он _____ церковь и музей. В два часа Людмила и
Питер _____ около фонтана и _____ в ресторан обедать.

> встретились - пошёл - посмотрел - шли
> увидел - была - вышел - пошли

3.   Впишите правильную форму слова «который»

а.   Иван и Людмила ехали на поезде, _____ идёт в Александров.
б.   Туристы, _____ шли в монастырь, были из Нью-Йорка.
в.   Кольцо, _____ купил Питер, понравилось Людмиле.
г.   Экскурсовод, _____ мы ехали, знал все интересные места.
д.   В поезде, _____ мы ехали, окна были закрыты.
е.   Проводница, _____ ехала с нами, не знала почему.
ж.   Иностранец, _____ мы говорили, не хотел пить чай!

> которая - которые - который - которое
> на котором - с которым - о котором

4. Составьте словосочетания

расписа́ние	остано́вка
террито́рия	поездо́в
пора́	перестро́йки
америка́нские	по́езд
сле́дующая	кольцо́
сле́дующий	закры́ты
о́кна	назва́ние
краси́вое	выходи́ть
во вре́мя	монастыря́
дореволюцио́нное	тури́сты

5. На у́лице. «Идти́» и́ли «ходи́ть»?
Вста́вьте пра́вильную фо́рму одного́ из глаго́лов.

а.
– Здра́вствуйте! Куда́ вы _____?
– Я _____ в о́фис.
– Вы всегда́ _____ туда́ пешко́м?
– Да. Ка́ждый день.

идти́ / ходи́ть

б.
– Здра́вствуй! Куда́ ты _____?
– Я _____ в теа́тр.
– Ты ча́сто _____ в теа́тр?
– Нет. Ре́дко.

6. В метро́. «Ехать» и́ли «е́здить»?
Вста́вьте пра́вильную фо́рму одного́ из глаго́лов.

а.
– Здра́вствуйте! Куда́ вы _____?
– Я _____ на рабо́ту.
– Вы всегда́ _____ туда́ на метро́?
– Нет. Не всегда́.

е́хать / е́здить

б.
– Здра́вствуй! Куда́ ты _____?
– Я _____ на да́чу.
– Ты _____ туда́ ка́ждую суббо́ту?
– Нет. То́лько когда́ пого́да хоро́шая.

ДАВАЙТЕ ПОГОВОРИМ! УРОК 7

1. Игра́ в кругу́. Куда́ вы пое́дете за́втра?

Ла́ра говори́т: За́втра я пое́ду в Се́ргиев Поса́д.
Вади́м говори́т: За́втра Ла́ра пое́дет в Се́ргиев Поса́д, а я пое́ду в Сара́тов.

и т.д.

2. На вокза́ле. Ролева́я игра́ в па́рах

Разыгра́йте диало́г, снача́ла с по́мощью уче́бника, пото́м самостоя́тельно.

Тури́ст	**Рабо́тник ка́ссы**
Хо́чет купи́ть два биле́та в Се́ргиев Поса́д, туда́ и обра́тно.	Оди́н биле́т сто́ит 264 рубля́.
Хо́чет узна́ть, с како́й платфо́рмы отхо́дит по́езд и когда́.	С пя́той платфо́рмы, в 09.20.
Хо́чет узна́ть, остана́вливается ли по́езд в Со́фрино.	Не зна́ет. На́до посмотре́ть расписа́ние.

3. Рабо́та в па́рах

а. Посмотри́те на ка́рту желе́зных доро́г. Реши́те, где должно́ быть ударе́ние на назва́ниях городо́в. Пото́м прослу́шайте за́пись. 🔊 64

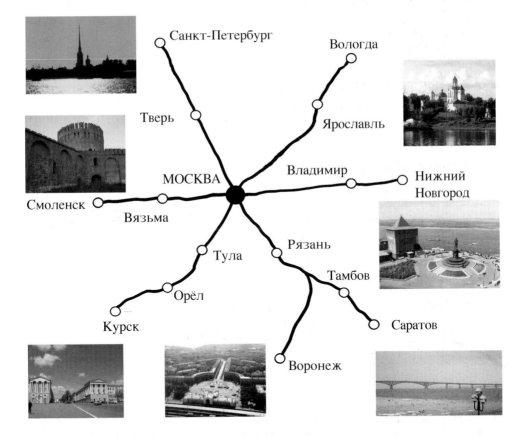

б. Посмотри́те на ка́рту. Соста́вьте предложе́ния по образцу́:
По́езд, кото́рый идёт из Москвы́ в Во́логду, остана́вливается в Яросла́вле.

в. Зада́йте друг дру́гу вопро́сы, наприме́р:
Где остана́вливается по́езд, кото́рый идёт в Смоле́нск?

4. Кото́рый. Рабо́та в па́рах.
Соста́вьте предложе́ния по образцу́:

Ба́рмен – э́то челове́к, кото́рый рабо́тает в ба́ре.

ба́рмен	води́ть	авто́бус и́ли маши́на
журнали́ст	де́лать	бар
писа́тель	занима́ться	газе́та
преподава́тель	игра́ть в	кни́ги
продаве́ц	писа́ть	колле́дж
студе́нт	преподава́ть	магази́н
такси́ст	продава́ть	такси́
тураге́нт	рабо́тать	тур
тури́ст	учи́ть	тури́зм
учи́тель	учи́ться	университе́т
фото́граф	чита́ть	фотогра́фии
футболи́ст		футбо́л
чита́тель		шко́ла
шофёр		

5. На Яросла́вском вокза́ле. Рабо́та в па́рах
Посмотри́те на расписа́ние пассажи́рских поездо́в.

	РАСПИСАНИЕ ДВИЖЕНИЯ ПОЕЗДОВ		
№ ПОЕЗДА	НАЗНАЧЕНИЕ	ВРЕМЯ ОТПРАВЛЕНИЯ	ДНИ ОТПРАВЛЕНИЯ
2	ВЛАДИВОСТОК	14.15	НЕЧЁТНЫЕ
4	ПЕКИН	19.55	ВТОРНИК
6	УЛАН-БАТОР	17.25	СРЕДА
8	ЕКАТЕРИНБУРГ	14.15	ЧЁТНЫЕ
10	ИРКУТСК	21.15	ЕЖЕДНЕВНО
16	АРХАНГЕЛЬСК	12.10	ЕЖЕДНЕВНО
18	КИРОВ	20.45	ЕЖЕДНЕВНО
20	УЛАН-УДЭ	00.30	ЧЕТВ. ВСКР.
26	НОВОСИБИРСК	14.35	ЕЖЕДНЕВНО
34	СОСНОГОРСК	19.15	ЧЁТНЫЕ
122	ЯРОСЛАВЛЬ	16.25	ЕЖЕДНЕВНО

Зате́м зада́йте друг дру́гу вопро́сы:
– В кото́ром часу́ отправля́ется
по́езд в Ирку́тск?
– В како́й день отправля́ется
по́езд в Пеки́н?
– В кото́ром часу́ отправля́ется
по́езд в Новосиби́рск?
и т.д.

6. **Рабо́та в па́рах**

Зада́йте друг дру́гу вопро́сы ти́па:

– Сего́дня го́род называ́ется Сама́ра. А как он называ́лся ра́ньше?
– Ра́ньше он называ́лся Ку́йбышев.

и́ли:

– Ра́ньше го́род называ́лся Ку́йбышев. А как он называ́ется сего́дня?
– Сего́дня он называ́ется Сама́ра.

и́ли:

– До перестро́йки го́род называ́лся Ку́йбышев.
  А по́сле перестро́йки?
– По́сле перестро́йки он стал Сама́рой.
– До перестро́йки го́род называ́лся Го́рький.
  А по́сле перестро́йки?
– По́сле перестро́йки он стал Ни́жним Но́вгородом.

НАЗВАНИЯ РОССИЙСКИХ ГОРОДОВ

Назва́ние го́рода в сове́тское вре́мя	Назва́ние го́рода до револю́ции / по́сле перестро́йки	
Ленингра́д	Санкт-Петербу́рг	*
Ку́йбышев	Сама́ра	
Сталингра́д	Цари́цын / Волгогра́д	**
Го́рький	Ни́жний Но́вгород	
Свердло́вск	Екатеринбу́рг	
Кали́нин	Тверь	
Заго́рск	Се́ргиев Поса́д	

* С 1914 по 1924 Санкт-Петербу́рг называ́лся Петрогра́д.
** До 1925 Волгогра́д называ́лся Цари́цын. С 1925 по 1961 э́то был Сталингра́д. В 1961 го́роду да́ли назва́ние Волгогра́д.

1943 год. Сталингра́д по́сле би́твы

ДАВАЙТЕ ПОСЛУШАЕМ!   УРОК 7

Людми́ла звони́т, что́бы заказа́ть биле́т в Ни́жний Но́вгород   65

Прослу́шайте разгово́р и отве́тьте на вопро́сы:

а. Куда́ она́ звони́т?
б. Кто хо́чет пое́хать в Ни́жний Но́вгород?
в. Почему́ он до́лжен бо́льше плати́ть за биле́т?
г. Как Вы ду́маете, почему́ Людми́ле на́до перезвони́ть?
д. Как Вы ду́маете, что́ измени́лось с тех пор, как э́тот диало́г был напи́сан в 1996-ом году́?

Прочитайте текст и ответьте на вопросы:

а. Почему железнодорожное сообщение важно в России?

б. Куда идут поезда с Ленинградского вокзала в Москве?
На юг? На север? На запад? На восток?

в. Что делает проводник?

ЖЕЛЕЗНАЯ ДОРОГА

В такой большой стране, как Россия (17.754.000 квадратных километров) железнодорожное сообщение очень важно.

Центром путей сообщения является Москва. По названиям московских вокзалов, можно узнать, куда идут поезда: Киевский, Белорусский, Ленинградский, Ярославский, Казанский, и т.д.

От Москвы до Владивостока по транссибирской железной дороге (Транссиб) поезд идёт семь дней. Во всех поездах дальнего следования всегда есть спальные вагоны.

Бывают жёсткие и мягкие вагоны. Иностранцам обычно продают билеты в мягкие вагоны. В каждом вагоне есть проводник. Его (или чаще её) работа – поддерживать чистоту и порядок в вагоне, обслуживать пассажиров, продавать им постельное бельё и чай.

Когда вы смотрите расписание поездов, надо иметь в виду, что несмотря на то, в каком городе вы находитесь, все расписания обычно пишутся по московскому времени.

В поездах бывают вагоны-рестораны, и по поезду часто ходят продавцы бутербродов и разных напитков, но лучше брать продукты с собой, особенно когда вы отправляетесь в долгую поездку.

В 2010-ом году стал функционировать новый скоростной поезд «Сапсан» Москва – Санкт-Петербург.

Теперь прослушайте аудио CD:
66

г. Какая информация из текста отсутствует в CD-записи?

В поезде. Проводница

Сергиев Посад. Электричка из Москвы

Скоростной поезд «Сапсан»

На платформе. Идёт дождь

Прибытие поездов на Ярославский вокзал в Москве

Почему опасно?

На платформе в час пик

In Zoya Petrovna's flat, Vadim, Lyudmila, Peter and Zoya Petrovna are discussing life and work. Ivan arrives to say goodbye to Lyudmila before he leaves for Saransk. Zoya Petrovna complains about her hard life ("If only things had been different..."), and Ivan asks Peter to help him with his tax problems.

In this lesson you will learn
- ❑ words for talking about work and leisure time.

The grammar includes
- ❑ more verbs of motion
- ❑ the animate accusative
- ❑ the particle **бы** - used for the conditional mood
- ❑ the particle **ли** - used for "whether".

There is information on life during the Soviet regime, under the heading «Секре́тная рабо́та», and there is a joke to learn about an Englishman, a Frenchman and a Russian on a desert island.

The reading exercise is an analysis of a questionnaire on how Muscovites spend their weekend.

The student workbook contains 17 additional exercises including a conversation with Misha about his children's studies and about his career in the Soviet Air Force, and with Oksana about her studies. The Ruslan 2 CDRom version of this lesson contains 29 interactive exercises with sound.

Дава́йте пойдём в цирк!

Нет, пое́дем на рыба́лку!

РАБОТА ДЛЯ ВАС!

Администра́тор	Инжене́р	Официа́нтка	Студе́нт
Актёр	Кинокри́тик	Пенсионе́р	Стюарде́сса
Актри́са	Консульта́нт	Перево́дчик	Танцо́р
Архите́ктор	Лётчик	Писа́тель	Танцо́вщица
Ба́рмен	Машини́ст	Почтальо́н	Учи́тель
Бизнесме́н	Медбра́т	Преподава́тель	Фе́рмер
Бухга́лтер	Медсестра́	Программи́ст	Фи́зик
Врач	Ме́неджер	Проводни́к	Хи́мик
Дипломат	Меха́ник	Продаве́ц	Шофёр
Дире́ктор фи́рмы	Музыка́нт	Секрета́рь	Экономи́ст
Журнали́ст	Официа́нт	Секрета́рша	Юри́ст

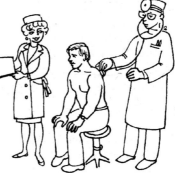

В кварти́ре у Зво́новых (67)

Зо́я П.:	Так вы уезжа́ете в суббо́ту?
Пи́тер:	Да. Снача́ла я лечу́ в Пари́ж, а отту́да в Ло́ндон.
Зо́я П.:	А почему́ вы не лети́те пря́мо в Ло́ндон?
Пи́тер:	У меня́ оте́ц в Пари́же. Я хочу́ повида́ть отца́. Я ча́сто лета́ю че́рез Пари́ж.
Зо́я П.:	А когда́ сно́ва прие́дете в Москву́?
Пи́тер:	Мо́жет быть, в январе́. Это зави́сит от Лю...
Людми́ла:	Пи́тер, когда́ ваш рейс?
Пи́тер:	В суббо́ту, в полови́не второ́го.
Вади́м:	Зна́чит, ва́ша командиро́вка зако́нчилась? А где вы сейча́с рабо́таете?
Пи́тер:	В университе́те, преподаю́ ру́сскую литерату́ру.
Вади́м:	Пи́тер, у меня́ отли́чная иде́я! Вы не хоте́ли бы пригласи́ть меня́ в университе́т чита́ть ле́кции о ро́ли ру́сской литерату́ры в кино́? Вы же зна́ете, я специали́ст в о́бласти кино́.
Пи́тер:	Это неплоха́я иде́я. Я поду́маю. Людми́ла, а ваш о́тпуск то́же конча́ется. Когда́ вы начнёте рабо́ту?
Людми́ла:	Вы забы́ли? Я же вам говори́ла. Я не рабо́таю! Я учу́сь в институ́те.
Зо́я П.:	Людо́чка, когда́ зако́нчит институ́т, хоте́ла бы стать инжене́ром.
Людми́ла:	Мо́жет быть...

Звоно́к. Вхо́дит Ива́н Козло́в

Зо́я П.:	А, Ва́ня, здра́вствуй. Проходи́, пожа́луйста. Познако́мься с Пи́тером.
Ива́н:	Пи́тер, приве́т! Мы уже́ знако́мы!
Зо́я П.:	Пра́вда?
Пи́тер:	Да. Ива́н, а я ду́мал, что вы уже́ уе́хали.
Ива́н:	Нет. Я ещё здесь. Я улета́ю в Сара́нск в суббо́ту.
Вади́м:	Да... В Сара́нске есть аэропо́рт?
Ива́н:	Коне́чно есть! Я улета́ю в суббо́ту. Поэ́тому я пришёл попроща́ться с Людми́лой и узна́ть, хо́чет ли она́ посмотре́ть Сара́нск...
Вади́м (про себя́):	Коне́чно, не хо́чет!

Па́уза (69)

Пи́тер:	Так, мы говори́ли о рабо́те... А где вы рабо́таете, Ива́н?
Ива́н:	Я рабо́таю на фи́рме.
Пи́тер:	На фе́рме?
Ива́н:	Нет, на фи́рме!
Вади́м:	Сейча́с все молоды́е миллионе́ры рабо́тают на фи́рмах.
Пи́тер:	А чем занима́ется ва́ша фи́рма?
Ива́н:	Она́ занима́ется комме́рческим би́знесом.
Людми́ла:	Всё я́сно. А кака́я у вас до́лжность?
Вади́м:	Ива́н, коне́чно, дире́ктор фи́рмы!
Ива́н:	Ещё нет. Но хоте́л бы стать дире́ктором.
Зо́я П.:	Каки́е у вас интере́сные профе́ссии!
Вади́м (про себя́):	Профе́ссии!? Я бы сказа́л карье́ры!

Пáуза

Зóя П.: А вот мне не повезлó: я всю жизнь былá домохозя́йкой, а тепéрь пенсионéрка. Если бы не рабóта му́жа...

Пи́тер: А кем рабóтал ваш муж?

Зóя П.: У негó былá секрéтная рабóта.

Пи́тер: Интерéсно! Он был шпиóном?

Зóя П.: Нет, конéчно. Мы жи́ли в Челя́бинске. Если бы не егó рабóта...

Вади́м: Мáма, перестáнь! Сейчáс не врéмя и не мéсто говори́ть об э́том.

О налóгах

Ивáн: Пи́тер, вы не смогли́ бы помóчь мне с налóгами?

Пи́тер: А каки́м óбразом?

Ивáн: Когдá я был в Лóндоне, я купи́л видеомагнитофóн. И нáдо бы́ло заплати́ть бритáнский налóг «VAT»*. Семнáдцать с полови́ной процéнтов. Вы не смогли́ бы узнáть, как мне получи́ть э́ти дéньги обрáтно?

Пи́тер: Я не знáю. Мóжет быть, ужé пóздно. Но я спрошу́. У вас есть чек?

Ивáн: Да, где-то есть. Я сдéлаю фотокóпию.

Пи́тер: Нет, я ду́маю, мне бу́дет ну́жен оригинáл.

уезжáть / уéхать	to leave (transport)	фи́рма	a firm
летéть / по-	to fly	фéрма	a farm
летáть (imp.)	to fly (regularly)	коммéрческий	commercial
видáть / по-	to see; call on	би́знес	business
снóва	again	я́сно	clear
зави́сеть от (imp.)	to depend on	дóлжность (f.)	post (at work)
Пари́ж	Paris	дирéктор	director
оттýда	from there	профéссия	profession
рейс	flight	карьéра	career
закóнчиться (perf.)	to come to an end	жизнь (f.)	life
идéя	idea	домохозя́йка	housewife
бы	conditional particle - see grammar	пенсионéр / -ка	pensioner
		секрéтный	secret (adj.)
лéкция	lecture	шпиóн	spy
роль (f.)	rôle	перестáть (perf.)	to stop (doing something)
специали́ст	specialist		
óбласть (f.)	area of work; region	налóг	tax
óтпуск	time off work	Каки́м óбразом?	In what way?
начинáть / начáть	to begin	видеомагнитофóн	video recorder
учи́ться / на-	to study; to learn	процéнт	percent
закóнчить (perf.)	to complete	чек	receipt
станови́ться /	to become	спрáшивать	to ask (a question)
стать (+ instr.)		/ спроси́ть	
		фотокóпия	photocopy
Привéт!	Hi!	оригинáл	original
улетáть / улетéть	to leave by plane; to fly away		
прощáться / по- ли	to say goodbye whether	* VAT = НДС (Налóг на добáвленную стóимость)	
про себя́	to himself, to oneself		

Секретная работа
72

Зоя Петровна говорит, что у её мужа была секретная работа. Как правило, такая работа связана с производством оружия, выпуском военных самолётов и кораблей. Целые города и районы, где находились такие заводы, в советское время были закрыты для иностранцев. Они назывались «закрытые города». Так, закрытыми городами были Горький (Нижний Новгород), Куйбышев (Самара), Новосибирск, Челябинск и многие другие города.

В Нижнем Новгороде. Выставка военной техники

Советский анекдот
73

Сын спрашивает отца:

– Папа, чем ты занимаешься на работе?
– Не могу сказать. Это очень секретно.
– А сколько ты получаешь?
– За противотанковую гранату – по два талончика,
  а за ручную – по одному!

Народ и армия непобедимы!

ГРАММАТИКА

Other verbs of motion behave in a similar way to идти and éхать (lesson 7).
The verb "to fly" is летéть / полетéть

    я лечý, ты летúшь, он / онá летúт, мы летúм, вы летúте, онú летя́т

Note the consonant change in the first person singular.

There is also an indefinite form летáть which is used to refer to regular or repeated journeys.

Я чáсто летáю чéрез Парúж.	I often fly via Paris.
Я люблю́ летáть.	I love flying.

Я улетáю в Сарáнск. I am flying off to Saransk.

Prefixes can be used with летáть and летéть for flying in different directions.

Imperfective	Perfective	
улетáть	улетéть	to fly away
вылетáть	вы́лететь	to fly out
прилетáть	прилетéть	to fly in, to land
перелетáть	перелетéть	to fly over / across
пролетáть	пролетéть	to fly through / past

The animate accusative

Masculine singular and plural and feminine plural nouns referring to people, animals and other living things use the genitive in place of the accusative.

Я хочý повидáть отцá.	I want to see my father.
Он узнáл студéнтов.	He recognised the students.

Adjectives in agreement with these nouns also have genitive forms.

Онá встрéтила нóвого Президéнта.	She met the new president.
Вы знáете э́тих дéвушек?	Do you know these girls?

The particle бы is used with the past tense to convey the conditional "would".

Онá хотéла бы стать инженéром.	She would like to be an engineer.
Вы не смоглú бы помóчь мне?	Could you possibly help me?
Что вы бы сдéлали, éсли...?	What would you do if...?
На вáшем мéсте, я бы купúл егó.	In your place I would buy it.

The particle ли is used to convey "whether" or "if" in a subordinate clause.

    Узнáйте, говорúт ли он по-рýсски. Find out if he speaks Russian.

Я не знáю, в Москвé ли онá.	I don't know whether she's in Moscow.

    Я пришёл узнáть, хóчет ли онá посмотрéть Сарáнск.

            I have come to find out whether she wants to see Saransk.

Мáма, перестáнь! Mama, stop it!

A small number of verbs form the imperative by adding a soft sign to the stem of the future or present tense.

Встáнь(те)!	Get up!
Вéрь(те) мне!	Believe me!

1. Вы́берите отве́т

а.	Кто уезжа́ет в суббо́ту?	Ива́н / Пи́тер / Ива́н и Пи́тер
б.	Кто живёт в Пари́же?	Мать Пи́тера / Оте́ц Пи́тера
в.	Людми́ла хоте́ла бы стать инжене́ром?	Да / Нет / Мо́жет быть
г.	Пи́тер и Ива́н уже́ знако́мы?	Да / Нет
д.	Ива́н рабо́тает на фе́рме?	Да / Нет
е.	Ива́н дире́ктор фи́рмы?	Да / Нет
ж.	Он хо́чет стать дире́ктором фи́рмы?	Да / Нет
з.	Оте́ц Вади́ма был шпио́ном?	Да / Нет
и.	У кого́ пробле́ма с нало́гами?	У Пи́тера / У Ива́на
к.	Что ну́жно Пи́теру?	Фотоко́пия / Оригина́л

2. Впиши́те пропу́щенные глаго́лы

а. Пи́тер _____ в суббо́ту. Снача́ла он _____ в Пари́ж. Там
_____ его́ оте́ц. Пи́тер _____ отца́ в Пари́же. Пото́м он пое́дет
в Ло́ндон. Он сно́ва, мо́жет быть, _____ в Москву́ в январе́.

встре́тит - уезжа́ет - лети́т - прие́дет - живёт

б. Вади́м _____ _____ в Ло́ндон, что́бы _____ ле́кции о кино́.
Он _____ об э́том Пи́теру. Пи́тер _____, что он _____.

отвеча́ет - говори́т - хо́чет - чита́ть - пое́хать - поду́мает

3. Соста́вьте предложе́ния

а.	Пи́тер хо́чет	чита́ть ле́кции в Ло́ндоне
б.	Ива́н	стать дире́ктором фи́рмы
в.	Вади́м хо́чет	улета́ет в суббо́ту
г.	Ива́н хо́чет	была́ секре́тная рабо́та
д.	Ива́н пришёл попроща́ться	уже́ знако́мы
е.	Ива́н и Пи́тер	с Людми́лой
ж.	У му́жа Зо́и Петро́вны	повида́ть отца́

4. Соста́вьте словосочета́ния

ру́сская	проце́нтов
отве́т	фи́рмы
молодо́й	на вопро́с
дире́ктор	рабо́та
секре́тная	с нало́гами
сто	миллионе́р
пробле́ма	оригина́ла
фотоко́пия	литерату́ра

5. **Соста́вьте предложе́ния по образцу́**
Я хоте́л(а) бы купи́ть кни́гу, но магази́н закры́т.

а. Я хоте́л(а) бы посла́ть посы́лку, ...
б. Я хоте́л(а) бы пое́хать в Москву́, ...
в. Я хоте́л(а) бы пойти́ в теа́тр, ...
г. Я хоте́л(а) бы переночева́ть, ...
д. Я хоте́л(а) бы приня́ть душ, ...
е. Я хоте́л(а) бы подня́ться на трина́дцатый эта́ж, ...
ж. Я хоте́л(а) бы пообе́дать, ...
з. Я хоте́л(а) бы посмотре́ть ико́ны, ...
и. Мы хоте́ли бы пожени́ться, ...

Лифт не работает

Воды нет

Почта закрыта

НЕТ ПОЕЗДОВ

Кни́жный магази́н закры́т

НЕТ БИЛЕТОВ

Гостиница закрыта

РЕСТОРАН ЗАКРЫТ

ОТДЕЛ ЗАГСа ЗАКРЫТ НА РЕМОНТ

Собор закрыт. Иду́т реставрацио́нные работы

6. **Соста́вьте предложе́ния по образцу́**
Е́сли бы магази́н был откры́т, я бы купи́л(а) кни́гу.

7. **Соста́вьте предложе́ния по образцу́**
– *Людми́ла лю́бит Ива́на?*
– *Мы не зна́ем, лю́бит ли она́ его́.*

а. Людми́ла лю́бит Вади́ма?
б. Вади́м лю́бит Людми́лу?
в. Пи́тер хо́чет пригласи́ть Вади́ма в Ло́ндон?
г. Людми́ла хо́чет пое́хать в Сара́нск?
д. Зо́я Петро́вна говори́т по-англи́йски?
е. Пи́тер говори́т по-францу́зски?
ж. Ива́н полу́чит де́ньги обра́тно?

1. **Игра́ в кругу́. Куда́ вы лети́те?**
   Пе́рвый говори́т: – Я лечу́ в Пари́ж.
   Второ́й говори́т: – Он лети́т в Пари́ж,
                          а я лечу́ в Новосиби́рск.
                          и т.д.

Пари́ж
Новосиби́рск
То́кио
Сара́тов
Ло́ндон
Манче́стер
Сама́ра
и т.д.

2. **Рабо́та в па́рах. О себе́**
   Зада́йте друг дру́гу вопро́сы:
   Кем вы рабо́таете сейча́с?
   Кем бы вы хоте́ли стать?
   Почему́?
   Кем рабо́тает ваш брат / муж / оте́ц
                  / ва́ша сестра́ / жена́ / мать?
   Кем бы он / она́ хоте́л / хоте́ла стать?
   Почему́?

3. **Диску́ссия. Вы вы́играли в лотере́ю**
   У вас миллио́н фу́нтов. Как бы вы хоте́ли потра́тить их?
   Что бы вы хоте́ли купи́ть? Куда́ бы вы хоте́ли пое́хать? С кем?

4. **Зна́ете ли вы, ско́лько вам бы́ло лет, когда́**
   ... у́мер Джон Ке́ннеди?
   ... у́мер Леони́д Бре́жнев?
   ... Юрий Гага́рин полете́л в ко́смос?
   ... разру́шили Берли́нскую сте́ну?
   ... Пу́тин стал президе́нтом Росси́и?
   ... террори́сты атакова́ли Всеми́рный торго́вый центр в Нью-Йо́рке?
   ... вам подари́ли пе́рвый велосипе́д?
   ... вы на́чали изуча́ть ру́сский язы́к?

   > Я ещё не роди́лся
   > / не родила́сь!

5. **Игра́ в гру́ппе. Кого́ вы встреча́ете?**
   Ве́ра говори́т: – Я встреча́ю отца́.
   Анто́н говори́т: – Ве́ра встреча́ет отца́, а я встреча́ю бра́та.
   Га́рри говори́т: – Ве́ра встреча́ет отца́, Анто́н встреча́ет
                          бра́та, а я встреча́ю ма́му.

   и т.д.

мать - оте́ц - сестра́ - брат - ба́бушка - де́душка
тётя - дя́дя - подру́га - бойфре́нд - де́вушка - спо́нсор
дире́ктор - Президе́нт - бизнесме́н - журнали́ст

6. Каки́х ру́сских а́второв вы чита́ли?

Зада́йте друг дру́гу вопро́сы о том, каки́х ру́сских а́второв вы чита́ли и́ли хоте́ли бы чита́ть.

Наприме́р:

– Вы чита́ли Че́хова?

– Да, я чита́л(а) Че́хова. Я чита́л(а) «Три Сестры́».

– Вы чита́ли Толсто́го?

– Нет, я не чита́л(а) Толсто́го. Но я хоте́л(а) бы чита́ть «Войну́ и Мир».

Булга́ков	«Ма́стер и Маргари́та»
Достое́вский	«Преступле́ние и наказа́ние», «Идио́т»
Пастерна́к	«До́ктор Жива́го»
Пу́шкин	«Евге́ний Оне́гин», «Ме́дный Вса́дник»
Распу́тин	«Де́ньги для Мари́и», «Уро́ки францу́ского»
Солжени́цын	«Ра́ковый ко́рпус», «В кру́ге пе́рвом»
Толсто́й	«Война́ и Мир», «А́нна Каре́нина»
Че́хов	«Три Сестры́», «Вишнёвый сад»
	«Да́ма с соба́чкой»
Шо́лохов	«Ти́хий Дон»

7. Рабо́та в па́рах
В зоопа́рке. Кто есть кто?

волк
гори́лла
жира́ф
кенгуру́
крокоди́л
лев
леопа́рд
медве́дь
обезья́на
па́нда
пингви́н
слон
тигр
зе́бра

8. Игра́ в гру́ппе. В зоопа́рке

Пе́рвый студе́нт говори́т: – Я был в зоопа́рке и ви́дел слона́.

Второ́й говори́т: – Я был в зоопа́рке и ви́дел слона́ и жира́фа.

Тре́тий говори́т: – Я был в зоопа́рке и ви́дел слона́, жира́фа и гори́ллу.

и т.д.

9. Шко́льные предме́ты

Соста́вьте предложе́ния по образцу́:

– *Я изуча́л/а (изуча́ю) хи́мию, потому́ что хоте́л/а (хочу́)
стать хи́миком.*

Предме́ты	
матема́тика	исто́рия
эконо́мика	биоло́гия
хи́мия	психоло́гия
фи́зика	и т.д.
язы́к / языки́	
информацио́нная техноло́гия	

Профе́ссии	
диплома́т	перево́дчик
инжене́р	преподава́тель
матема́тик	журнали́ст
экономи́ст	программи́ст
фи́зик	врач
хи́мик	психо́лог
	и т.д.

10. Вы́учите анекдо́т. Расскажи́те его́ други́м студе́нтам

74

Ру́сское гостеприи́мство

На необита́емый о́стров, где́-то в Ти́хом океа́не, попа́ли три
челове́ка – англича́нин, францу́з и ру́сский. Они́ жи́ли там
два го́да. Бы́ло о́чень ску́чно.

Одна́жды на берегу́ появи́лась буты́лка. Из буты́лки вы́шел
джинн. Он сказа́л: «Ка́ждый мо́жет загада́ть три жела́ния!»

Францу́з говори́т: «Я хоте́л бы пое́хать во Фра́нцию,
жить в большо́м до́ме недалеко́ от Пари́жа и име́ть
краси́вую молоду́ю жену́». Раз, два, три... и он пое́хал.

Англича́нин говори́т: «Я хоте́л бы пое́хать в Англию, жить
в большо́м до́ме недалеко́ от Ло́ндона и име́ть маши́ну Ролс
Ройс». Раз, два, три... и он то́же пое́хал.

Ру́сский оста́лся оди́н. Ему́ ста́ло ску́чно без друзе́й.
Он поду́мал и говори́т джи́нну: «Я хоте́л бы получи́ть бо́чку
ры́бы, я́щик во́дки и мои́х друзе́й обра́тно! ...»

*Чтобы поня́ть э́тот анекдо́т, на́до знать, что по ру́сской тради́ции во́дку лу́чше всего́
пить втроём! – реда́ктор.*

ДАВА́ЙТЕ ПОСЛУ́ШАЕМ!

Тама́ра звони́т по по́воду рабо́ты

75

Прослу́шайте разгово́р и отве́тьте на вопро́сы:

а. Каку́ю рабо́ту она́ хо́чет?
б. Челове́к с како́й квалифика́цией ну́жен фи́рме?
в. Как мо́жно дое́хать до фи́рмы?
г. Что ещё она́ спра́шивает?

Как москвичи́ провели́ про́шлый уике́нд? Узна́йте:

а.   Како́е са́мое популя́рное заня́тие?

б.   Како́й проце́нт люде́й рабо́тал?

в.   Ско́лько челове́к отве́тило на анке́ту?

КАК МОСКВИЧИ ПРОВЕЛИ ПРОШЛЫЙ УИКЭНД?

В ходе опроса двух тысяч москвичей, проведенного 19-21 июля 1994 года Всероссийским центром изучения общественного мнения, на вполне нескромный вопрос

"ЧЕМ ВЫ ЗАНИМАЛИСЬ В ПРОШЛУЮ СУББОТУ И ВОСКРЕСЕНЬЕ?"

было получено (в процентах) такое распределение ответов:

Был на даче 32
Занимался домашними делами. 31
Отдыхал, отсыпался дома 14
Ездил купаться, в лес, на рыбалку 12
Работал 11

Гулял в городе, парке 10
Ходил в гости, принимал гостей........ 8
Ходил по магазинам 7
Ходил в кино, на выставку,
на дискотеку 3
Болел 3
Другое 2

Сумма ответов превышает 100%, так как допускалось несколько их вариантов для одного опрашиваемого.

Олег САВЕЛЬЕВ,
социолог ВЦИОМ.

На рыба́лке

ПИШИТЕ!

Напиши́те два сочине́ния

а.   Что я люблю́ де́лать в свобо́дное вре́мя.

б.   Мои́ друзья́ и их рабо́та.

Tamara has invited Lyudmila to her flat, but Lyudmila doesn't know why.
Tamara asks about Lyudmila's admirers, and who is Ruslan ...?
Vadim arrives, and Tamara leaves in a hurry. Vadim proposes to Lyudmila,
but with no success. Meanwhile the **типи́чный иностра́нец** is looking for
his bag.

In this lesson you will learn:
- ❏   how to describe people
- ❏   how to describe objects.

The grammar includes:
- ❏   **себя́** - "oneself" etc. - used reflexively
- ❏   the pronoun **сам** - "oneself" etc. - used to add emphasis
- ❏   **свой** - "one's own"
- ❏   the question word **чей?** - "whose?"
- ❏   negative expressions **ничто́**, **никто́**, **никогда́** etc.
- ❏   **неуже́ли** and **ра́зве** to express surprise or disbelief
- ❏   the expression **друг дру́га** - "each other".

There is information on the Volga river - **река́ Во́лга**.
The reading exercise is based on an advertisement for a river cruise.
The listening exercise is a telephone conversation about a job application.

The student workbook contains 16 additional exercises for this lesson, including a
conversation with Lyuda about recognising people. The Ruslan 2 CDRom version of
this lesson contains 35 interactive exercises with sound, including video exercises.

На пра́зднике. Каза́ки танцу́ют. А как они́ вы́глядят?

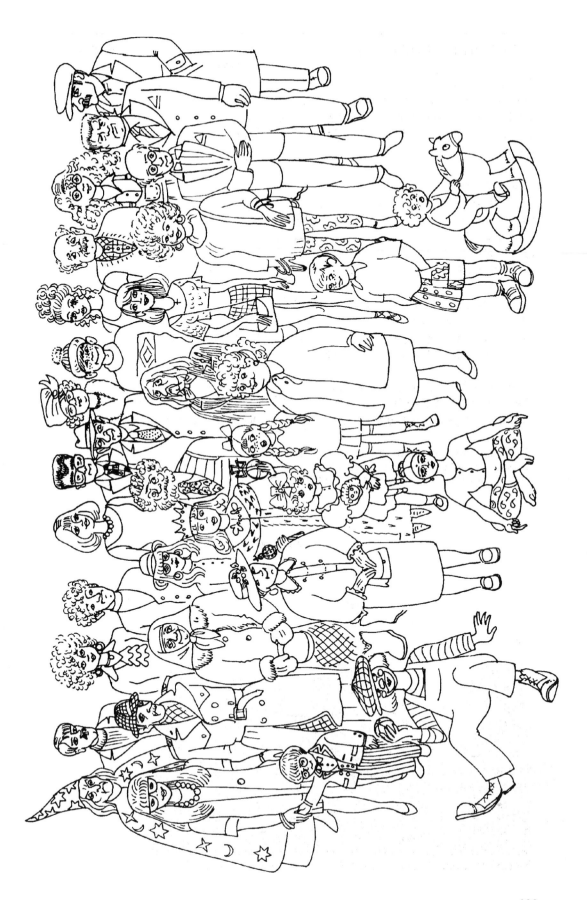

В кварти́ре у Тама́ры

76 Людми́ла: Так заче́м ты меня́ пригласи́ла к себе́?

Тама́ра: Ничего́ не могу́ тебе́ сказа́ть. Это секре́т. Подожди́ и сама́ уви́дишь.

Людми́ла: Ничего́ не мо́жешь сказа́ть? Почему́? Я не люблю́ секре́ты.

Тама́ра: Это непра́вда. А твой Русла́н? Это не секре́т?

Людми́ла: Ну, Русла́н, э́то друго́е де́ло.

Тама́ра: Неуже́ли до сих пор никто́ не зна́ет о твоём Русла́не?

Людми́ла: Нет. Никто́ не зна́ет, кро́ме тебя́, коне́чно.

Тама́ра: Ты да́же Вади́му ничего́ не сказа́ла?

Людми́ла: Я ничего́ никому́ не говори́ла. То́лько тебе́.

Тама́ра: Вот как!...

Па́уза

77 Тама́ра: Так ты собира́ешься познако́мить меня́ со свои́ми друзья́ми? С англича́нином из Ло́ндона и с миллионе́ром из Сара́нска?

Людми́ла: Они́ уезжа́ют в суббо́ту.

Тама́ра: Скажи́ мне, как они́ вы́глядят? Они́ похо́жи друг на дру́га?

Людми́ла: Нет. Ива́н высо́кий.

Тама́ра: Блонди́н?

Людми́ла: Нет. Брюне́т. У него́ коро́ткие во́лосы и ка́рие глаза́.

Тама́ра: А как он одева́ется?

Людми́ла: Он всегда́ но́сит джи́нсы и сви́тер.

Тама́ра: А англича́нин то́же высо́кий?

Людми́ла: Нет, он небольшо́го ро́ста, немно́го вы́ше тебя́.

Тама́ра: То́же брюне́т?

Людми́ла: Блонди́н с лы́синой, уса́ми, бородо́й и в очка́х.

Тама́ра: Похо́ж на Вади́ма?

Людми́ла: Не о́чень.

Тама́ра: А одева́ется хорошо́?

Людми́ла: Да, о́чень. Он обы́чно но́сит костю́м, руба́шку и га́лстук.

Тама́ра: Кто из них тебе́ бо́льше нра́вится?

Людми́ла: Ты же зна́ешь, что мне никто́ не нра́вится. То́ма, а чьё э́то пальто́? Почему́ у тебя́ виси́т мужско́е пальто́?

Тама́ра: Это пальто́ Вади́ма. Он сейча́с придёт.

Звоно́к. Тама́ра идёт открыва́ть дверь

78 Тама́ра: Наконе́ц-то! Проходи́те, Вади́м. Людми́ла вас ждёт.

Вади́м: Лю́да, извини́те, что я заста́вил вас ждать.

Людми́ла: Я никого́ не ждала́.

Вади́м: А...??

Тама́ра: Ну, я пошла́. До свида́ния.

Тама́ра выхо́дит...

Вади́м де́лает предложе́ние

79 Вади́м: Лю́да, это вам.

Людми́ла: Что э́то? Кольцо́? Почему́?

Вади́м:	Как почему́? Я де́лаю вам предложе́ние. Ра́зве не поня́тно? Вы же согла́сны стать мое́й жено́й?! Вы же зна́ете, что я вас люблю́. Это для вас не секре́т.
Людми́ла:	Но вы мне об э́том никогда́ не говори́ли.
Вади́м:	Неуже́ли ра́ньше не говори́л? Не мо́жет быть! Лю́да, я купи́л биле́ты на экску́рсию по Во́лге. Так вы, коне́чно, согла́сны?
Людми́ла:	Я должна́ поду́мать...
Вади́м:	Поду́мать? Почему́? Вы не согла́сны?
Людми́ла:	Я скажу́ вам о своём реше́нии в суббо́ту.
Вади́м:	Ничего́ не понима́ю!

В бюро́ нахо́док. Иностра́нец потеря́л свою́ су́мку

🎧 80

Иностра́нец:	Извини́те, я потеря́л свою́ су́мку.
Слу́жащий:	Она́ больша́я?
Иностра́нец:	Да!
Слу́жащий:	Чёрного цве́та?
Иностра́нец:	Да!
Слу́жащий:	Тяжёлая?
Иностра́нец:	Да!
Слу́жащий:	С ярлыко́м брита́нской авиакомпа́нии?
Иностра́нец:	Да!
Слу́жащий:	Извини́те, таку́ю су́мку мы не находи́ли!

ничего́	nothing	сви́тер	sweater
секре́т	secret	высо́кий	tall
сам, сама́, само́, са́ми		вы́ше	taller
	oneself etc. (see grammar)	лы́сина	bald patch
неуже́ли?	surely not?	усы́ (m. pl.)	moustache
до сих пор	until now	борода́	beard
никто́	no one	руба́шка	shirt
кро́ме (+ gen.)	apart from	га́лстук	tie
собира́ться / собра́ться	to be going to do something	чей / чья / чьё / чьи	whose (see grammar)
		висе́ть (imp.)	to be hanging
знако́мить / по-	to introduce	заставля́ть / заста́вить	to make (someone do something)
свой, своя́, своё, свой	one's own (see grammar)	никого́	no one (obj.)
		я пошла́	I'm off (f.)
вы́глядеть (imp.)	to look (like)	ра́зве?	surely not?
похо́ж на	similar to	согла́сен /-на /-ны	in agreement
друг дру́га	each other	никогда́	never
блонди́н / -ка	a blonde	экску́рсия	excursion
брюне́т / -ка	a brunette	до́лжен (short adj.)	must, ought
во́лосы	hair	реше́ние	decision
глаз	an eye	бюро́ нахо́док	lost property office
глаза́	eyes	теря́ть / по-	to lose
ка́рий	brown (eyes)	находи́ть / найти́	to find
одева́ться / оде́ться	to get dressed	тяжёлый	heavy
		ярлы́к	label
носи́ть (imp.)	to wear; to carry	авиакомпа́ния	airline company
джи́нсы	jeans		

Волга

81

Река́ Во́лга – э́то «гла́вная у́лица Росси́и». Она́ начина́ется в Тверско́й о́бласти и впада́ет в Каспи́йское мо́ре. Её длина́ 3531 киломе́тр. Ле́том по Во́лге хо́дят совреме́нные туристи́ческие теплохо́ды, и от Москвы́ (снача́ла по реке́ Москве́) мо́жно доплы́ть до Астрахани. Это о́чень популя́рный маршру́т. Вы уви́дите таки́е города́, как Яросла́вль, Кострому́, Ни́жний Но́вгород, Сама́ру, Сара́тов, Волгогра́д, Каза́нь и Улья́новск.

Река́ Во́лга. Ни́жний Но́вгород. Зима́.
На противополо́жном берегу́ реки́ видны́
индустриа́льные райо́ны.

Эй, у́хнем! (отры́вок из пе́сни)

Эх ты, Во́лга, мать-река́,
Широка́ и глубока́.
Ай-да, да, ай-да,
Ай-да, да, ай-да,
Широка́ и глубока́.

Эй, у́хнем! Эй, у́хнем!
Ещё ра́зик, ещё раз!
Эй, у́хнем! Эй, у́хнем!
Ещё ра́зик, ещё раз!

Я не люблю́ секре́ты.   I don't like secrets.

Lyudmila could also say "я не люблю́ секре́тов", using a genitive after the negative. This is optional in spoken Russian.

себя́ - oneself etc.

себя́ can mean "oneself", "himself", "herself", "myself", "yourself", "yourselves", "themselves" or "ourselves".

The endings are:

Accusative	себя́	Instrumental	собо́й
Genitive	себя́	Prepositional	себе́
Dative	себе́		

There is no nominative form because себя́ cannot be the subject of the sentence.

Заче́м ты меня́ пригласи́ла к себе́?	Why did you invite me to your place?
Они́ бы́ли у себя́.	They were at their (own) place.
Она́ ду́мает то́лько о себе́	She only thinks about herself.
Возьми́ меня́ с собо́й!	Take me with you!

сам - oneself etc. Emphatic

сам / сама́ / само́ / са́ми can mean "himself", "herself", "itself", "myself", "yourself", "yourselves", "themselves" or "ourselves". This word is most frequently used in the nominative case. For the oblique cases, see the Ruslan Russian Grammar.

Я сам не хочу́ е́хать.	I personally don't want to go. (m.)
Сама́ уви́дишь.	You'll see for yourself. (f.)
Министе́рство само́ реши́т пробле́му.	The Ministry itself will resolve the problem. (n.)
Они́ са́ми не зна́ют почему́.	They don't know why themselves. (pl.)

This point can cause confusion for learners of Russian called "Sam"!

свой - one's own etc. declines in the same way as мой (page 141).

свой can mean "my", "your", "his", "her", "our" or "their", and refers back to the subject of the same sentence.

Я потеря́л свою́ су́мку.	I have lost my bag.
Я скажу́ вам о своём реше́нии.	I will tell you of my decision.
Мы лю́бим свою́ страну́.	We love our country.
Не забыва́йте свои́ ве́щи!	Don't forget your things!

For simplicity свой is often left out:

Он лю́бит жену́.	He loves his (own) wife.

But be careful!

Он лю́бит его́ жену́.	means	He loves his (someone else's) wife.

чей? - whose?

чей? / чья? / чьё / чьи? - "whose?" - agrees with the noun to which it refers:

Чей э́то сви́тер?	Whose is that sweater?	(m.)
Чья э́то маши́на?	Whose is that car?	(f.)
Чьё э́то пальто́?	Whose is that coat?	(n.)
Чьи э́то де́ти?	Whose are those children?	(pl.)

(Чей э́тот сви́тер? / Чья э́та маши́на? etc. are also possible)

Negative expressions: никто́, ничто́, никогда́, никуда́, нигде́

There are several new examples of negative expressions in this lesson.
When you use these with a verb you have to include the particle не.
Note that **никто́** and **ничто́** decline like **кто** and **что** (page 140).

Никто́ не зна́ет.	No one knows
Я ничего́ не понима́ю!	I don't understand anything!
Я никому́ не говори́ла.	I haven't told anyone
Я никого́ не ждала́.	I wasn't expecting anyone
Вы никогда́ не говори́ли.	You have never said

> *Из популя́рной пе́сни 60-ых годо́в:*
> *Ничего́ не ви́жу, ничего́ не слы́шу,*
> *Ничего́ не зна́ю, ничего́ никому́ не скажу́!*

неуже́ли and ра́зве

неуже́ли and ра́зве are used to express surprise or disbelief. To translate
into English you often have to put it another way.

Неуже́ли никто́ не зна́ет?	Surely it's not possible that no one knows?
Ра́зве не поня́тно?	Can't you understand?

неуже́ли is stronger than ра́зве when expressing disbelief.

друг дру́га - each other

друг дру́га means "each other". The first "друг" is always in the nominative.
The second can be in any case except the nominative. When prepositions are
used, they are inserted between the two words.

Они́ лю́бят друг дру́га.	They love each other.
Они́ похо́жи друг на дру́га?	Do they look alike?
Они́ звони́ли друг дру́гу.	They used to phone each other.
Они́ игра́ют друг с дру́гом.	They are playing with each other.
Они́ зна́ют друг о дру́ге.	They know about each other.

ка́рие глаза́ - brown eyes / седы́е во́лосы - grey hair

The soft adjective ка́рий is only used for eyes.
The adjectives седо́й - "grey" and ры́жий - "ginger" are only used for hair.

Я пошла́! - I'm off!

A colloquial use of the past tense.

Я пошла́!	I'm off!	(f.)
Я пошёл!	I'm off!	(m.)

Remember to use "пое́хать" if you are using transport. This includes the lift!:

Пое́хали!	Let's go!	(pl.)

согла́сен - in agreement

This is a short adjective: согла́сен / согла́сно / согла́сна / согла́сны.

Вы согла́сны стать мое́й жено́й?	Do you agree to become my wife?
Она́ не согла́сна.	She does not agree.
	(She is not in agreement)

1. Выберите ответ

а.	У Людмилы есть секрет?	Да / Нет
б.	Кто знает о Руслане?	Никто / Никто, кроме Тамары
в.	Иван и Питер похожи друг на друга?	Да / Нет
г.	Иван всегда носит костюм?	Да / Нет
д.	Иван всегда носит джинсы?	Да / Нет
е.	Питер одевается хорошо?	Да / Нет
ж.	Людмила ждала Вадима?	Да / Нет
з.	Кого она ждала?	Питера / Ивана / Никого

2. Впишите пропущенные глаголы

а. Тамара _____ Людмилу к себе на квартиру, но Людмила не _____ зачем. Людмила _____, что она не _____ секреты, но Тамара _____, что у Людмилы тоже _____ секрет.

> есть - знает - приглашает - любит - говорит - отвечает

б. Как _____ друзья Людмилы? Иван – высокий брюнет, _____ джинсы и свитер. Питер небольшого роста. Он _____ хорошо. Людмила _____, что ей никто не _____.

> выглядят - одевается - нравится - говорит - носит

в. В комнату _____ Вадим. Людмила _____, что она никого не _____. Тамара _____ из комнаты. Вадим _____ Людмиле предложение. Он её _____. Людмила хочет _____. Она _____ о своём решении в субботу.

> выходит - скажет - говорит - входит
> любит - ждала - подумать - делает

3. Составьте словосочетания

длинные	предложение
экскурсия	блондин
карие	блузка
красивая	пальто
серое	авиакомпания
интересное	глаза
британская	костюм
высокий	волосы
новый	по Волге

4. Найди́те пра́вильный отве́т

а. Куда́ вы сего́дня идёте?
б. Где он рабо́тает?
в. Кого́ вы ви́дели на вокза́ле?
г. С кем вы танцева́ли?
д. Кому́ вы позвони́ли?
е. Кто пришёл?

нигде́
ни с кем
никого́
никто́
никому́
никуда́

5. Соста́вьте предложе́ния по образцу́

– *Кому́ вы звони́ли?*
– *Я никому́ не звони́л! / Я никому́ не звони́ла!*

а. Кто зна́ет об э́том?
б. Кого́ вы жда́ли?
в. Кому́ вы говори́ли об э́том?
г. Когда́ вы бы́ли там?
д. Куда́ вы пое́хали по́сле рабо́ты?
е. Что вы хоти́те?

6. Впиши́те пропу́щенные слова́

а. Она́ ду́мает то́лько о _____ .
б. Мы _____ не зна́ем, что де́лать.
в. Она́ _____ говори́т, что э́то был он.
г. Он купи́л _____ пода́рок.
д. Я понима́ю _____ пробле́му.
е. Он понима́ет _____ пробле́му.

его́
мою́
себе́
сама́
са́ми
себе́

7. Впиши́те пропу́щенные слова́

а. Он забы́л _____ но́мер телефо́на.
б. Он жил в _____ до́ме.
в. Она́ позвони́ла _____ роди́телям.
г. Она́ не лю́бит _____ во́лосы.
д. Иностра́нец потеря́л _____ су́мку.
е. Он писа́л о _____ пробле́мах.
ж. Мы пойдём _____ доро́гой.
з. В Ту́лу со _____ самова́ром не е́здят!

свой
свою́
свои́м
своём
свое́й
свой
свои́м
свои́х

8. Противополо́жные значе́ния

большо́й	у́зкий
откры́тый	плохо́й
широ́кий	бе́лый
дли́нный	закры́тый
хоро́ший	ма́ленький
молодо́й	ста́рый
чёрный	некраси́вый
краси́вый	коро́ткий

1.　Как вы вы́глядите? Заполни́те анке́ту

Имя: _____

Пол:　М. ☐　　Ж. ☐　　✓ = Да

Рост:
Высо́кий ☐　　Сре́дний ☐　　Ни́зкий ☐

Глаза́:
Си́ние ☐　　Ка́рие ☐　　Чёрные ☐
Се́рые ☐　　Зелёные ☐

Во́лосы: Коро́ткие ☐　Дли́нные ☐
　　　　　　Ры́жие ☐　　Седы́е ☐
　　　　　　Блонди́н/-ка ☐　Брюне́т/-ка ☐

В чём Вы оде́ты? _____
_____

Преподава́тель собира́ет анке́ты, пото́м чита́ет отве́ты.
Вы должны́ догада́ться, о ком идёт речь.

2.　Опиши́те себя́. Разгово́р в па́рах

Как вы вы́глядите? Како́го вы ро́ста?
Вы блонди́н / брюне́т? У вас ры́жие во́лосы? У вас седы́е во́лосы?
Каки́е у вас во́лосы? Коро́ткие? Дли́нные?
Каки́е у вас глаза́? Си́ние? Се́рые? Чёрные? Ка́рие?
Ско́лько вам лет? Что вы обы́чно но́сите?

3.　Вы согла́сны? Рабо́та в гру́ппе

Оди́н студе́нт чита́ет предложе́ние.
Други́е студе́нты должны́ сказа́ть,
согла́сны они́ с э́тим и́ли нет.

Ме́сто же́нщины - на ку́хне.
"Ла́да" – хоро́шая маши́на.
Ру́сская грамма́тика сло́жная.
Кэ́дбери – хоро́ший шокола́д.
В То́мске хо́лодно в январе́.
Москва́ бо́льше, чем Ло́ндон.
Латы́нь вы́шла из мо́ды.
Самолёт быстре́е, чем по́езд.
Англича́не – ве́жливые лю́ди.
Вино́ поле́зно для здоро́вья.
Преподава́тель всё зна́ет.

Наприме́р:
– Ме́сто же́нщины – на ку́хне!
– Я согла́сен!
– А я не согла́сна!!
и т.д.

4. **В бюро́ нахо́док. Ролева́я зада́ча в па́рах**
Разыгра́йте диало́г, снача́ла с по́мощью уче́бника,
пото́м самостоя́тельно.

Тури́ст
Вы потеря́ли су́мку в авто́бусе но́мер 23.
Вы потеря́ли её сего́дня у́тром, в де́сять часо́в.
Су́мка больша́я, чёрная. В ней был па́спорт, фотогра́фия
му́жа/жены́, план го́рода и фотоаппара́т.
В ней то́же бы́ли де́ньги – 700 рубле́й и 30 до́лларов,
креди́тная ка́рточка, моби́льный телефо́н и ключ от
ва́шего но́мера в гости́нице.

Милиционе́р
Вы хоти́те узна́ть, кто э́тот тури́ст, что он / она́ потеря́л(а),
где и когда́. Вы хоти́те посмотре́ть его́ / её па́спорт.

---

5. **Игра́ в кругу́. Где вы никогда́ не́ были?**
Па́вел говори́т: — Я никогда́ не́ был в Аме́рике.
Лари́са говори́т: — Па́вел никогда́ не́ был в Аме́рике,
            а я никогда́ не была́ на Ку́бе.

и т.д.

6. **Игра́ в кругу́. О чём вы ничего́ не зна́ете?**
Наде́жда говори́т: — Я ничего́ не зна́ю об эконо́мике Казахста́на.
Влади́мир говори́т: — Наде́жда ничего́ не зна́ет об эконо́мике
            Казахста́на, а я ничего́ не зна́ю о ру́сской
            литерату́ре.

и т.д.

ру́сская ку́хня - поли́тика Монго́лии - атмосфе́ра Ма́рса
но́вый президе́нт - сове́тская литерату́ра - а́томная фи́зика
война́ с Япо́нией - жизнь Достое́вского - ру́сские олига́рхи
Респу́блика «Саха́» - коре́йский язы́к - и т.д.

ДАВА́ЙТЕ ПОСЛУ́ШАЕМ!

82 **Тама́ра дала́ объявле́ние в газе́ту. Ей звони́т мужчи́на.**
Прослу́шайте разгово́р и отве́тьте на вопро́сы.
а.   Как зову́т мужчи́ну?
б.   Отку́да он звони́т? Из Москвы́ и́ли из То́мска?
в.   В како́й день он хо́чет встре́титься с Тама́рой?
г.   Как Тама́ра узна́ет его́?

Теплохо́д «Никола́й Ба́уман»

Вы хоти́те соверши́ть путеше́ствие по реке́ от Москвы́ до Санкт-Петербу́рга. Вас заинтересова́ла рекла́ма о теплохо́де «Никола́й Ба́уман». Узна́йте:

а.   Каки́е удо́бства есть в каю́тах?

б.   Что мо́жно де́лать во вре́мя пое́здки?

в.   Где начина́ется экску́рсия?

83

ТУРИСТСКИЙ МАРШРУТ ТЕПЛОХОДА «НИКОЛАЙ БАУМАН»

СХЕМА МАРШРУТА

(карта: Валаам, Ладожское озеро, Санкт-Петербург, НЕВА, SVIR, Петрозаводск, Онежское озеро, Кижи, Вытегра, Белое озеро, Череповец, Рыбинское водохранилище, Рыбинск, Углич, Ярославль, Дубна, Москва)

Теплоход «Николай Бауман» – современный четырёхпалубный лайнер. Каюты – одноместные, двухместные и четырёхместные со всеми удобствами: кондиционер, холодильник, душ, туалет. В «плавучем доме отдыха» есть музыкальный зал и кинотеатр, библиотека и читальный зал, солярий и сауна. Питание – в ресторанах. Теплоход во время путешествия делает «зелёные стоянки», на которых туристы купаются, ходят в лес за грибами и ягодами. Организуются игры, викторины, конкурсы.

Путешествие начинается с Северного речного вокзала Москвы и далее – Углич, Валаам, Санкт-Петербург, Кижи, Петрозаводск, Вытегра, Тверь.

Информационное-коммерческое агентство «Москва». Адрес: Москва, ул. Рождественка 8, тел. 921-13-48.

Приятного путешествия!

Lyudmila and Vadim are seeing Peter off at Sheremetyevo. Ivan arrives - he's gone to the wrong airport! But this gives him another chance to talk to Lyudmila. Then consternation, as Lyudmila's mother arrives with Ruslan, Lyudmila's son. Ivan rushes off to try to catch his plane, and Peter checks in on his Air France flight.

This is a general revision lesson. You will also learn:
- ❑   vocabulary for air travel
- ❑   to talk about things happening on a particular date.

The grammar includes:
- ❑   prepositions that take the instrumental -
  с - "with", **под** - "under", **над** - "above", **за** - "behind",
  мéжду - "between / among" and **рядом с** - "next to"
- ❑   the use of the genitive for "on" a particular date
- ❑   the declension of **весь** - "all"
- ❑   an introduction to the way that verbs can use different prefixes to form perfectives with different meanings.

There is also information on Russian newspapers and the Russian customs declaration - **деклара́ция**. The reading passage is an article about **Аэрофло́т** - Aeroflot.

The student workbook contains 18 additional exercises for this lesson, including conversations with Irina and Misha about school subjects, national holidays, and the languages of Siberia. The Ruslan 2 CDRom version of this lesson contains 34 interactive exercises with sound, including an exercise based on video footage of Sheremetyevo Airport.

А вот и наш самолёт!

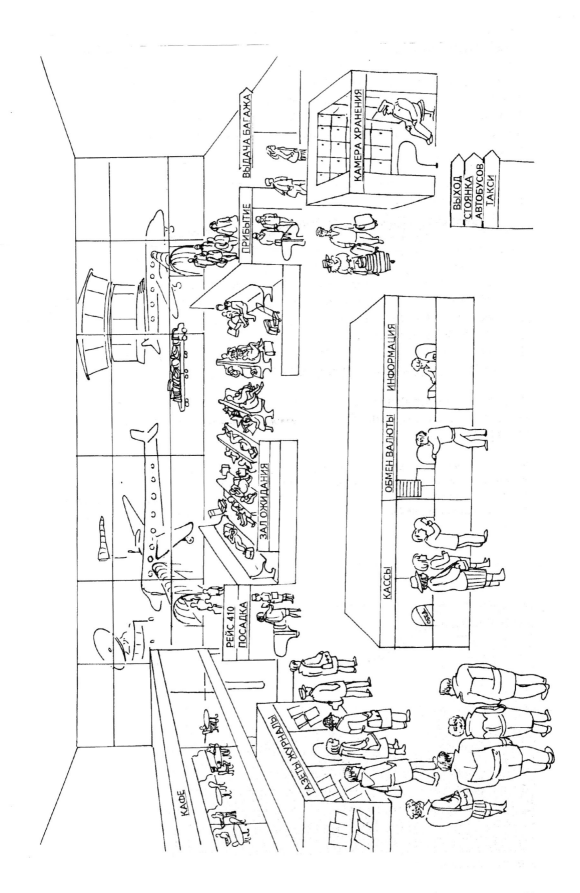

В аэропорту́ Шереме́тьево

Вади́м:	Вы запо́лнили деклара́цию? Па́спорт, биле́т – всё в поря́дке?
Пи́тер:	Вади́м, не волну́йтесь, всё в поря́дке. Людми́ла, мне на́до с тобо́й поговори́ть. Ты мне ещё не дала́ отве́т...
Вади́м:	Оо! Вы уже́ на «ты»!
Людми́ла:	Смотри́те! Ива́н! Что он здесь де́лает?... Ива́н! Что вы здесь де́лаете?
Ива́н:	Как что? Я улета́ю в Сара́нск.
Вади́м:	Так вы, мой дорого́й, всё перепу́тали. Это Шереме́тьево-2. Междунаро́дный аэропо́рт. Самолёты в Сара́нск улета́ют из Домоде́дово.
Ива́н:	Это далеко́?
Людми́ла:	Это два часа́ на такси́ и́ли бо́льше. А когда́ рейс?
Ива́н:	В 16.40. Что де́лать?! Опозда́л.

Ива́н:	Лю́да, как хорошо́, что уви́делись пе́ред отъе́здом. Мне на́до тебе́ что́-то о́чень ва́жное сказа́ть. Мо́жно мне на «ты»? Дава́й отойдём отсю́да!
Ма́ма:	Лю́дочка! Вот ты где! Мы тебя́ и́щем уже́ полчаса́!
Русла́н:	Ма́мочка!
Вади́м:	Как?
Ива́н:	Что?
Пи́тер:	Ма́ма?!
Людми́ла:	Что вы здесь де́лаете?
Ма́ма:	Мы прие́хали из Со́фрино специа́льно, что́бы тебя́ проводи́ть.
Людми́ла:	Но я никуда́ не улета́ю. Ма́ма, ты всегда́ всё пу́таешь!
Пи́тер:	Лю́да, познако́мьте нас, пожа́луйста.
Людми́ла:	Ма́ма, познако́мься, э́то Пи́тер, э́то Вади́м, а э́то Ива́н. Пи́тер из Ло́ндона, Вади́м из Москвы́, а Ива́н из Сара́нска.
Все:	О́чень прия́тно!
Пи́тер:	О́чень рад с ва́ми познако́миться!
Ма́ма:	А э́то Русла́н. Ему́ во́семь лет. Ру́ська, поздоро́вайся со все́ми!
Русла́н:	Здра́ссьте!

Ива́н:	Так вот како́й у вас Русла́н! Тепе́рь всё поня́тно!
Вади́м:	Да, о́чень интере́сно!
Пи́тер:	Я ничего́ не понима́ю!
Людми́ла:	Ива́н, так что вы хоте́ли сказа́ть? Ся́дем, поговори́м. Это о нас?
Ива́н:	А... Да, нет... Это ничего́... Я пое́ду на такси́. Мо́жет быть, мой самолёт заде́рживается. В друго́й раз. До свида́ния. Мне пора́!
Все:	До свида́ния!
Ма́ма:	Како́й прия́тный молодо́й челове́к!
Вади́м:	Да. О́чень... А скажи́, Русла́н, тебе́ уже́ во́семь лет?
Русла́н:	Да. И пя́того сентября́ мне бу́дет де́вять.
Вади́м:	Зна́чит, ты уже́ хо́дишь в шко́лу?

Русла́н: В тре́тий класс.
Ма́ма: Он о́чень хорошо́ у́чится. Он у́мный ма́льчик.
Пи́тер: Русла́н, ты говори́шь по-англи́йски?
Русла́н: Я зна́ю то́лько два сло́ва: «Гуд Бай»!...

Громкоговори́тель:
             Начина́ется регистра́ция на самолёт францу́зской
             авиакомпа́нии «Эр Франс», вылета́ющий 712-ым ре́йсом в Пари́ж.
             Пассажи́ров про́сят сро́чно пройти́ на регистра́цию биле́тов.
Пи́тер: Мне пора́! До свида́ния. Людми́ла, я вам напишу́ письмо́.
             Вади́м, вот моя́ визи́тка. Там есть мой электро́нный а́дрес.
             Когда́ у вас бу́дет электро́нная по́чта, вы смо́жете мне писа́ть.
Людми́ла: До свида́ния! Вот вам газе́ты для полёта – «Изве́стия» и
             «Аргуме́нты и Фа́кты». Я вам то́же напишу́ и всё объясню́.
Вади́м: Ну, мне то́же пора́. Нам ну́жно серьёзно поговори́ть. Вы меня́
             понима́ете?... До свида́ния.
Людми́ла: До свида́ния, Вади́м.

Мама: Каки́е прия́тные лю́ди. А кто э́тот америка́нец?
Людми́ла: Он англича́нин, ма́ма! Зачём ты прие́хала? Что ты наде́лала!?

Продолже́ние сле́дует... !
- The story continues in "Ruslan 3"!

заполня́ть / заполни́ть	to fill in	тре́тий	the third
		у́мный	clever
волнова́ться / вз-	to worry		
дава́ть / дать	to give	громкоговори́тель (m.)	loudspeaker
отве́т	a reply	регистра́ция	registration
пу́тать / перепу́тать	to muddle	вылета́ть / вы́лететь	to fly out
		проси́ть / по-	to request
междунаро́дный	international	сро́чно	immediately
опа́здывать / опозда́ть	to be late / to miss (plane, etc.)		urgently
		электро́нный	electronic
		полёт	flight
ви́деться / у-	to see each other	объясня́ть / объясни́ть	to explain
пе́ред (+ instr.)	in front of; before	ну́жно	necessary
отъе́зд	departure	серьёзно	seriously
ва́жный	important	америка́нец	an American
иска́ть / по-	to look for	наде́лать (perf.)	to do (something wrong)
специа́льно	specially		
провожа́ть / проводи́ть	to see off		
никуда́	(to) nowhere		
здоро́ваться / по-	to say hello		
Здра́ссьте!	short form of Здра́вствуйте		
сади́ться / сесть	to sit down		
заде́рживаться / задержа́ться	to be delayed		

Таможенная декларация

Если Вы приехали в Российскую Федерацию и привезли с собой больше 10.000 долларов США или предметы из особого списка, Вы обязаны пройти через красный коридор и заполнить таможенную декларацию.

Если у Вас с собой меньшая сумма, Вы всё-таки имеете право заполнить декларацию. Она, может быть, будет нужна в конце Вашей поездки, потому что иностранцам не разрешается вывозить больше 3.000 долларов из РФ без импортной декларации.

Большинство туристов, конечно, проходят по зелёному коридору, без декларации, а затем пользуются банкоматами, чтобы получать русские рубли.

Информация верна на май 2011 года.

«Известия» и «Аргументы и Факты»

88 Это две известные российские газеты. В бывшем СССР не существовало свободной прессы. Все газеты и журналы находились под контролем государства. Люди шутили, что "в «Известиях» нет известий и в «Правде» нет правды". После распада Советского Союза начало появляться множество разных газет и журналов, а сегодня есть и интернетовские газеты.

Мужчина и женщина разговаривают

89

- У вас есть дети?
- Да, у меня есть сын.
- Он курит?
- Нет.
- Он пьёт?
- Нет.
- Он поздно приходит домой?
- Нет.
- Ваш сын очень хороший молодой человек.
- Сколько ему лет?
- Ему два месяца.

ГРАММАТИКА

пе́ред отъе́здом - before departure

пе́ред - "before" or "in front of" - takes the instrumental case:

пе́ред до́мом	- in front of the house
пе́ред маши́ной	- in front of the car
пе́ред на́ми	- in front of us

Other prepositions that take the instrumental case include:

с	with (Ruslan 1 Lesson 10)
под	under
над	above
за	behind / for (fetching something)
ме́жду	between / among
ря́дом с	next to

Он стои́т пе́ред до́мом.		He is standing in front of the house.
Серёжа под маши́ной.		Seryozha is under the car.
над на́ми	-	above us
ме́жду ни́ми	-	among them
за Ната́шей	-	behind Natasha
ря́дом с Бори́сом	-	next to Boris

за and под are also used with the accusative when there is motion involved:

Они́ се́ли за стол.   They sat down at the table.

дава́ть / дать - to give

The present tense, using дава́ть has the stem да-. The conjugation is:

я даю́, ты даёшь, он / она́ даёт, мы даём, вы даёте, они́ даю́т

The perfective future using дать is irregular:

я дам, ты дашь, он / она́ даст, мы дади́м, вы дади́те, они́ даду́т

иска́ть / поиска́ть - to look for

In the present tense this has the stem ищ- .

The present conjugation (I am looking for, etc.) is:

я ищу́, ты и́щешь, он / она́ и́щет, мы и́щем, вы и́щете, они́ и́щут

The perfective поиска́ть means "to have a look for"

There is an alternative perfective сыска́ть which means "to look for and find".

сади́ться / сесть - to sit down

The imperfective verb is reflexive, but the perfective verb is not.

The present tense is not used very often.

The future conjugation is:

я ся́ду, ты ся́дешь, он / она́ ся́дет, мы ся́дем, вы ся́дете, они́ ся́дут
(I'll sit down, etc.)

сиде́ть - to be sitting down

я сижу́, ты сиди́шь, он / она́ сиди́т, мы сиди́м, вы сиди́те, они́ сидя́т
(I am sitting down, etc.)

Поздоро́вайся со все́ми! - Say hello to everyone!
весь - "all" or "everyone" - has its own declension.

	Masculine	Neuter	Feminine	Plural
N	весь	всё	вся	все
A	весь *	всё	всю	все *
G	всего́	всего́	всей	всех
D	всему́	всему́	всей	всем
I	всем	всем	всей	все́ми
P	всём	всём	всей	всех

* When referring to masculine singular and plural and feminine plural animate nouns, accusative endings are the same as the genitive.

со все́ми - with everyone

всё вре́мя - all the time

... и пя́того сентября́ мне бу́дет де́вять.
... and on the fifth of September I will be nine.
The genitive case is used to express "on" a particular date.
It is also used for the year when giving a date:

Пе́рвого января́, ты́сяча девятьсо́т девяно́сто пя́того го́да ...

On the first of January 1995 ...

регистра́ция - registration / check-in
Most Russian nouns ending in -ция have the ending "-tion" in English:

адапта́ция	-	adaptation
квалифика́ция	-	qualification
мотива́ция	-	motivation
эмигра́ция	-	emigration

It doesn't always work! The word реализа́ция means "sale", from the French, not the English, "realisation".

самолёт, вылета́ющий в Пари́ж - the plane departing for Paris
This is the present participle construction that you met in lesson 5.

пассажи́ров про́сят ... - passengers are requested to ...
This impersonal third person plural construction, leaving out the pronoun они́, is very common in official announcements.

Что ты наде́лала!?   What have you done!?
The prefix на- is used to give a different meaning to the perfective verb.
Here "done wrong".

Different prefixes can give different meanings to many verbs:

Imperfective		Perfective	
де́лать	to do / make	сде́лать	to do
		переде́лать	to redo
		доде́лать	to complete
		наде́лать	to do (something) wrong
ду́мать	to think	поду́мать	to have a think
		переду́мать	to change your mind
		приду́мать	to think up, dream up
плати́ть	to pay	заплати́ть	to pay
		переплати́ть	to pay too much

1. Отве́тьте на вопро́сы

а. Людми́ла дала́ отве́т Пи́теру?   Да / Нет

б. Куда́ улета́ет Ива́н?   В Сара́нск / В Пари́ж

в. Куда́ улета́ет Пи́тер?   В Сара́нск / В Пари́ж

г. Кто прие́хал, что́бы проводи́ть Людми́лу?   Её мать / Её оте́ц

д. Кто перепу́тал аэропо́рты?   Ива́н / Пи́тер

е. Кто Русла́н?   Брат Людми́лы / Сын Людми́лы

ж. Русла́н хо́дит в шко́лу?   Да / Нет

2. Впиши́те слова́

а. Вади́м и Людми́ла _____ Пи́тера, кото́рый _____ в Пари́ж. Прихо́дит Ива́н. Он _____ аэропо́рты. Самолёты в Сара́нск _____ не из Шереме́тьево, а из Домоде́дово. Ива́н, наве́рно, уже́ _____ на самолёт.

> опозда́л - улета́ет - провожа́ют - перепу́тал - вылета́ют

б. Ива́н _____ что́-то _____ Людми́ле, но вдруг _____ её мать и сын, Русла́н. Они́ _____ из Со́фрино специа́льно, что́бы её _____ .

> сказа́ть - хо́чет - прихо́дят - проводи́ть - прие́хали

в. Но Людми́ла никуда́ не _____ . Её мать всё _____ . Пи́тер ничего́ не _____ , а Ива́н _____ , что ему́ на́до _____ . Мо́жет быть его́ самолёт _____ .

> заде́рживается - улета́ет - е́хать - перепу́тала - говори́т - понима́ет

3. Впиши́те слова́

а. _____ из мужчи́н не знал, что у Людми́лы есть сын!

б. Людми́ла _____ не улета́ет.

в. Её мать всегда́ _____ пу́тает.

г. Пи́тер _____ не понима́ет.

> никуда́
> всё
> ничего́
> никто́

4. Соста́вьте словосочета́ния

> регистра́ция
> прия́тные
> пе́ред
> междунаро́дный
> электро́нная
> у́мный
> францу́зская

> отъе́здом
> ма́льчик
> аэропо́рт
> авиакомпа́ния
> биле́тов
> по́чта
> лю́ди

1.   Игра́ в кругу́. Когда́ ваш день рожде́ния?

Пе́рвый говори́т: – Мой день рожде́ния пя́того января́.
Второ́й говори́т: – Его́ день рожде́ния пя́того января́, а мой день рожде́ния два́дцать восьмо́го ма́рта.

и т.д.

2.   Рабо́та в па́рах

Когда́ ваш день рожде́ния?
Когда́ день рожде́ния ва́шего бра́та, ва́шего отца́, ва́шего сы́на?
Когда́ день рожде́ния ва́шей сестры́, ва́шей ма́тери, ва́шей до́чери?

3.   Рабо́та в па́рах. Что вы зна́ете об исто́рии Росси́и?

а.   Когда́ роди́лся А.С.Пу́шкин?
б.   Когда́ он у́мер?
в.   Когда́ начала́сь Октя́брьская Револю́ция?
г.   Когда́ у́мер Ио́сиф Ста́лин?
д.   Когда́ у́мер Леони́д Бре́жнев?
е.   Когда́ Юрий Гага́рин полете́л в ко́смос?

> Седьмо́го ноября́ ты́сяча девятьсо́т семна́дцатого го́да.
> Деся́того ноября́ ты́сяча девятьсо́т во́семьдесят второ́го го́да.
> Пя́того ма́рта ты́сяча девятьсо́т пятьдеся́т тре́тьего го́да.
> Деся́того февраля́ ты́сяча восемьсо́т три́дцать седьмо́го го́да.
> Шесто́го ию́ня ты́сяча семьсо́т девяно́сто девя́того го́да.
> Двена́дцатого апре́ля ты́сяча девятьсо́т шестьдеся́т пе́рвого го́да.

4.   Поговори́те с преподава́телем и́ли с други́ми студе́нтами о ребёнке, кото́рого вы зна́ете хорошо́.

Это ма́льчик и́ли де́вочка?
Как его́ / её зову́т?
Где он / она́ живёт?
Ско́лько ему́ / ей лет?
Он / она́ хо́дит в шко́лу?
Как он / она́ вы́глядит?
Он / она́ хорошо́ у́чится?
Он / она́ говори́т по-англи́йски / по-францу́зски и т.д.?
Он / она́ лю́бит спорт?
Он / она́ уме́ет пла́вать?
Он / она́ мно́го чита́ет?
Он / она́ ча́сто смо́трит телеви́зор?

5. **Ролева́я зада́ча в па́рах. Разыгра́йте диало́г, снача́ла с по́мощью уче́бника, пото́м самостоя́тельно.**

Ру́сский провожа́ет англи́йского тури́ста в аэропорту́ Шереме́тьево.

> **Ру́сский**
> Спра́шивает о па́спорте, о деклара́ции, о ви́зе, о биле́те. Всё в поря́дке?
> Спра́шивает, куда́ англича́нин лети́т.
> Спра́шивает, кто его́ встреча́ет в Англии.
> Говори́т, что напи́шет ему́ письмо́.

> **Англича́нин**
> Всё в поря́дке. Па́спорт есть, деклара́ция есть, ви́за есть, биле́т есть.
> Лети́т снача́ла в Ло́ндон, пото́м в Эдинбу́рг.
> В Эдинбу́рге его́ никто́ не встреча́ет.
> Он пое́дет домо́й на такси́.
> Даёт визи́тку.
> Говори́т, что то́же напи́шет и́ли позвони́т.

6. **Рабо́та в па́рах. Зада́йте друг дру́гу вопро́сы о том, когда́ прилета́ют самолёты в Домоде́дово.**

Когда́ прилета́ет самолёт из Сама́ры?
Како́й но́мер ре́йса из То́мска?
Самолёт из Баку́ заде́рживается? Почему́?
и т.д.

АЭРОПОРТ ДОМОДЕДОВО - ПРИБЫТИЕ

РЕЙС	ОТКУДА	ВРЕМЯ ПРИБЫТИЯ ПО РАСПИСАНИЮ	ФАКТИЧЕСКИ	ПРИЧИНА ЗАДЕРЖКИ
193	ТОМСК	09.05	09.00	
687	САМАРКАНД	09.10	09.05	
742	САМАРА	09.10	10.20	МЕТЕО. УСЛ.
325	САРАНСК	09.20	09.15	
228	ОМСК	09.30	09.40	
702	АШХАБАД	09.30	14.00	МЕТЕО. УСЛ.
342	УФА	09.40	09.40	
110	ЧИТА	09.50	09.55	
856	БАКУ	09.55	10.50	МЕТЕО. УСЛ.
465	ЧЕЛЯБИНСК	10.00	10.00	
218	БАРНАУЛ	10.00	отменен	ТЕХ. ПРИЧИНЫ
179	САРАТОВ	10.10	10.10	
412	ВОЛГОГРАД	10.15	10.15	

7. Очередь за биле́тами. Игра́ в кругу́

Посмотри́те на рису́нок.

Пе́рвый говори́т: – Иностра́нец стои́т за Бори́сом.

Второ́й говори́т: – Иностра́нец стои́т за Бори́сом, а Бори́с стои́т за Серге́ем.

и т.д.

Пото́м:

Пе́рвый говори́т: – Анна стои́т пе́ред Гле́бом.

Второ́й говори́т: – Анна стои́т пе́ред Гле́бом, а Глеб стои́т пе́ред Ири́ной.

и т.д.

8. Очередь за биле́тами. Рабо́та в па́рах.

Посмотри́те на рису́нок. Зада́йте друг дру́гу вопро́сы:

– За кем стои́т Ни́на? – Ни́на стои́т за Ири́ной.

– За кем стои́т Ири́на? – Ири́на стои́т за Гле́бом.

– Бори́с пе́ред Серге́ем? – Нет. Он пе́ред иностра́нцем.

и т.д.

ДАВАЙТЕ ПОСЛУШАЕМ!

Ива́н звони́т Вади́му

90

Прослу́шайте разгово́р и отве́тьте на вопро́сы:

а. Отку́да звони́т Ива́н?

б. Вади́м знал, что у Людми́лы есть сын – Русла́н?

в. Когда́ Ива́н и Вади́м договори́лись встре́титься?

ПИШИТЕ!

Напиши́те два сочине́ния

а. Почему́ я изуча́ю ру́сский язы́к.

б. Встре́ча Ива́на с Вади́мом.

Прочитайте текст и ответьте на вопросы

а.   Аэрофлот является самой большой авиакомпанией в мире?
б.   После приватизации Аэрофлот стал больше или меньше?
в.   Пользуется ли Аэрофлот американскими самолётами?
г.   Напишите ещё три интересных факта об Аэрофлоте.

Авиакомпания Аэрофлот

Авиакомпания Аэрофлот была создана в 1932-ом году.
До перестройки она осуществляла все советские воздушные
перевозки и являлась самой большой авиакомпанией в мире.

Раньше на службе Аэрофлота находились только отечественные
самолёты. Советскими авиаконструкторами, Туполевым, Антоновым,
Ильюшиным, создавались машины, которые не имели аналогов в
мире. Так, в 1956-ом году начал осуществлять полёты реактивный
пассажирский самолёт Ту-104, а в 1968-ом году – первый
коммерческий сверхзвуковой самолёт Ту-144. Грузовые самолёты
АН-124 Руслан и АН-224 Мрия являются самыми большими в мире.*

После распада СССР реорганизация Аэрофлота стала
необходимой. С началом приватизации образовался целый ряд
новых авиакомпаний, например Трансаэро, Саравиа, Пулковские
Авиалинии. Аэрофлот остался основным российским
авиаперевозчиком, но он значительно уменьшился в размерах
и уже не находится в списке самих крупных авиакомпаний в мире.

Сегодня в распоряжении Аэрофлота 101 самолёт, включая и
западные (Боинги, Аэробусы) и российские машины (Ил-96,
Ил-86, Ту-154 и др.). Эти лайнеры осуществляют рейсы в 102 пункта
49 стран Европы, Америки, Азии и Африки. Ежегодно услугами
Аэрофлота пользуются около четырнадцати миллионов человек.

В 2009 году Аэрофлот открыл новый собственный терминал –
Шереметьево-D.

* Название «Мрия» от украинского
слова «мрия» - «мечта».

Теперь прослушайте информацию 2006-го года: 91

д.   Как отличается информация 2006-го года от предыдущего текста?

ИЛ-96   **АН-124 «Руслан»**   **ТУ-144**

Самую последнюю информацию по этому вопросу Вы найдёте на странице:
www.ruslan.co.uk/ruslan2.htm

ОТВЕТЫ К УПРАЖНЕНИЯМ

When you are asked to write your own answer there are often several possibilities. In these cases we give just one possible correct answer. A large print version of this key is available from the Ruslan website at www.ruslan.co.uk/ruslan2.htm

Урок 1 - УПРАЖНЕНИЯ

1. а) Он ста́рый. б) В Ленингра́де / В Санкт-Петербу́рге. в) Нет. г) У Вади́ма. д) Ему́ 31 год.
   е) Да. ж) Нет. з) Класси́ческую му́зыку и ру́сскую наро́дную му́зыку.
   и) Он хоте́л послу́шать но́вости. / Что́бы послу́шать но́вости.
2. а) получи́ла. б) умерла́. в) у́мер. г) рабо́тал. д) занима́ется. е) хо́чет. ж) родили́сь.
   з) лю́бит. и) не хо́чет.
3. а) Бори́с. б) Евдоки́я Льво́вна. в) Серге́й Миха́йлович. г) Вади́м. д) Та́ня. е) Га́ля.
   ж) Вади́м. з) Пётр Степа́нович.
4. вку́сный квас / три́дцать два го́да / шестна́дцать лет / ма́ленькие де́ти / чай без са́хара
   мой дя́дя / молодо́й журнали́ст / краси́вая же́нщина / наро́дная му́зыка /
   слу́жба в а́рмии / бе́лые но́чи
5. а) Чайко́вский был компози́тором. б) Гага́рин был космона́втом. в) Пу́шкин был поэ́том.
   г) Ке́ннеди был президе́нтом Аме́рики. д) Ле́нин был революционе́ром.
   е) Нури́ев был танцо́ром. ж) Толсто́й был писа́телем.

Урок 1 - ДАВАЙТЕ ПОСЛУШАЕМ!
   а) Нет. б) 31 год. в) Мы не зна́ем. г) Нет.

Урок 1 - ДАВАЙТЕ ПОЧИТАЕМ!
   а) Населе́ние го́рода о́коло пяти́ миллио́нов челове́к. б) Да. в) Пётр Пе́рвый.
   г) Это когда́ со́лнце е́два захо́дит и но́чью светло́, как днём. д) Это са́мый большо́й музе́й
   Росси́и. е) Потому́ что мно́го кана́лов. ж) Санкт-Петербу́рг. з) Петрогра́д. и) Ленингра́д.

Урок 2 - УПРАЖНЕНИЯ

1. а) Ива́н. б) Пи́тер. в) Ива́н. г) Пи́тер. д) Пи́тер. е) Людми́ла. ж) Людми́ла. з) Прохо́жий.
   и) Иностра́нец.
2. а) Пи́тер покупа́ет де́сять конве́ртов и де́сять ма́рок. б) Он покупа́ет откры́тки с ви́дами
   Москвы́. в) Ива́н хо́чет посла́ть телегра́мму в Сара́нск. г) Он посыла́ет телегра́мму
   роди́телям. д) Он забы́л написа́ть а́дрес. е) Людми́ла хо́чет получи́ть пи́сьма.
   ж) Она́ получа́ет два письма́. з) Ива́н хо́чет поговори́ть о фотогра́фиях.
3. а) Я пишу́ письмо́ роди́телям. б) Я звоню́ колле́гам. в) Я ду́маю о де́вушках.
   г) Я живу́ с друзья́ми. д) Я рабо́таю с клие́нтами. И т.д.
4. буке́т роз / пе́сня о ро́зах / обме́н валю́ты / креди́тная ка́рта / конве́рт с ма́рками
   фальши́вый докуме́нт / ближа́йший пункт / авто́бус с пассажи́рами / пакт с коммуни́стами
   бифште́кс с макаро́нами / до́ступ к интерне́ту.
5. а) Ка́ждый день я покупа́л(а) газе́ту, но вчера́ я та́кже купи́л(а) журна́л.
   б) Ка́ждый ме́сяц я посыла́ю де́ньги сестре́, но в а́вгусте я та́кже посла́л(а) ей конфе́ты.
   в) Пи́тер обы́чно меня́ет де́ньги в ба́нке, но вчера́ банк был закры́т. Он поменя́л сто фу́нтов
   на ста́нции метро́. г) Он обы́чно пи́шет сестре́ пи́сьма, но вчера́ он хоте́л поговори́ть с ней.
   Он ей позвони́л.

Урок 2 - ДАВАЙТЕ ПОСЛУШАЕМ!
   а) На по́чту. б) В Ялту. в) Де́сять конве́ртов с ма́рками. г) Зо́я Петро́вна. д) Па́ршин.
   е) Го́род Ялта, у́лица Ле́нина, дом 28, кварти́ра 266.

Урок 3 - УПРАЖНЕНИЯ

1. а) В Англии. б) Англича́не. в) В Росси́и. г) В Крыму́. д) Людми́ла. е) Ло́ндон.
   ж) В Англии. з) Ру́сские.
2. а) Англича́не ча́ще говоря́т о пого́де, чем ру́сские. б) В Ло́ндоне дождь идёт ча́сто, но снег
   быва́ет ре́дко. в) Ло́ндон большо́й го́род, бо́льше Москвы́. г) Англича́не ме́ньше ку́рят, чем
   ру́сские. д) Ива́н говори́т, что маши́ны сто́ят дешевле в Росси́и, чем в Англии.
3. а) Крым. б) Ло́ндон. в) Москва́. г) Санкт-Петербу́рг. д) Тольа́тти.
4. а) Он говори́т, что англича́не о́чень лю́бят спорт. б) Он говори́т, что он мно́го рабо́тает.
   в) Она́ говори́т, что в Крыму́ тепле́е, чем в Англии. г) Она́ говори́т, что Ло́ндон бо́льше Москвы́.
   д) Он говори́т, что в Англии снег быва́ет ре́дко. е) Он говори́т, что англича́не о́чень лю́бят
   спорт. ж) Он говори́т, что англича́не ку́рят ме́ньше, чем ру́сские. д) Он говори́т, что в Росси́и
   маши́ны сто́ят деше́вле, чем в Англии, что он хо́чет купи́ть "ВАЗ", и что в Росси́и нельзя́
   оставля́ть маши́ну на у́лице, осо́бенно зимо́й.

5. хорóшая погóда / континентáльный клúмат / трúдцать грáдусов морóза
короткая веснá / чёрный вéчер / бéлый снег / большóй гóрод / Чёрное мóре.
6. а) Это не бывáет. б) Это бывáет. в) Это бывáет. г) Это не бывáет. д) Это не бывáет.

Урóк 3 - ДАВÁЙТЕ ПОСЛУШАЕМ!
а) Плюс одúн грáдус. б) Холоднée. в) Нет. г) Да.

Урóк 3 - ДАВÁЙТЕ ПОЧИТÁЕМ!
а) Континентáльный. б) В Сибúри. в) В Москвé. г) В Санкт-Петербýрге.
д) За прóшлые 40 лет срéдние температýры вúросли на 3 грáдуса.
е) Информáция о пожáрах в Подволжье в 2010 годý.

Урóк 4 - УПРАЖНÉНИЯ
1. а) Чтóбы договорúться о поéздке. б) Потомý что бúло плóхо слúшно. в) Он бýдет рабóтать.
г) Потомý что бýдет мнóго нарóду в электрúчке. д) Потомý что он бýдет рабóтать.
е) В срéду. ж) В метрó.
2. а) Ивáн. б) Людмúле. в) В январé. г) В пя́тницу. д) Окóло Центрáльного телегрáфа.
3. а) Я вас плóхо слúшу. б) Что вы бýдете дéлать в понедéльник? в) Я бýду рабóтать.
г) А в срéду давáйте поéдем в Сéргиев Посáд. д) Я посмотрю́ расписáние.
е) В электрúчке бýдет óчень мнóго нарóду. ж) Мы встрéтимся в метрó. з) Мы кýпим
билéты на вокзáле и поéдем в Сéргиев Посáд.
4. Дóброе ýтро! / расписáние поездóв / крáсные рóзы / пéрвый вагóн / день рождéния
встрéтимся на платфóрме / слéдующая стáнция
5. а) Недалекó от Ярослáвского вокзáла б) Это фотогрáфия моегó брáта в) Схéма
москóвского метрó г) Батóн бéлого хлéба д) Пáспорт америкáнского турúста
е) Конéц рабóчего дня
6. а) 4. б) 6. в) 5. г) 2. д) 3. е) 8. ж) 7. з) 1.
7. В понедéльник я бýду рабóтать весь день, а вéчером я пойдý в ресторáн.
Во втóрник я бýду рабóтать весь день, а вéчером я пойдý в теáтр.
В срéду я бýду рабóтать весь день, а вéчером я пойдý на футбóл.
В четвéрг я бýду рабóтать весь день, а вéчером я пойдý в кинó.
В пя́тницу я бýду рабóтать весь день, а вéчером я пойдý в поликлúнику.
В суббóту я бýду рабóтать весь день, а вéчером я поéду на дáчу.
В воскресéнье я бýду ловúть рúбу весь день, и вéчером тóже!

Урóк 4 - ДАВÁЙТЕ ПОСЛУШАЕМ!
а) Чтóбы договорúться о встрéче. б) Нет. в) Да. г) В метрó «Крáсные Ворóта».

Урóк 4 - ДАВÁЙТЕ ПОЧИТÁЕМ И ПОСЛУШАЕМ!
а) В 1932-ом годý. б) 12. в) óколо 180. г) Да. д) 28 рублéй
е) В 2006-ом годý бúло 170 стáнций. В 2011-ом годý – 182. В 2006-ом годý билéт стóил 17
рублéй. В 2011-ом годý – 28 рублéй.
ж) Сначáла нáдо доéхать до стáнции «Алексáндровский сад». Там нáдо сдéлать пересáдку
на стáнцию «Библиотéка úмени Лéнина» и оттýда доéхать до стáнции «Комсомóльская».
з) Москвá, Санкт-Петербýрг, Самáра, Екатеринбýрг, Казáнь, Новосибúрск, Нúжний Нóвгород.

Урóк 5 - УПРАЖНÉНИЯ
1. а) Потомý что онá плóхо себя́ чýвствовала. б) Окóло мéсяца. в) Принимáть пóливитамúны
и отдыхáть. г) У Ивáна. д) У инострáнца. е) Не ходúть в столóвую.
2. а) Людмúла плóхо себя́ чýвствует, осóбенно по утрáм. Онá плóхо себя́ чýвствует óколо мéсяца.
Врач слýшает её сéрдце и лёгкие. Он говорúт, что всё в поря́дке, но он рекомендýет отдыхáть.
Он даёт ей рецéпт на пóливитамúны.
б) Ивáн хотéл получúть талóн к зубнóму врачý. Он сказáл, что у негó болúт зуб. Но
когдá он увúдел Людмúлу он забúл о зýбе. Он спросúл, почемý онá былá у врачá.
3. а) Я плóхо себя́ чýвствую. б) Головá болúт. в) Принимáйте по однóй таблéтке в день.
г) Мне плóхо по утрáм. д) Я не рекомéндую принимáть лекáрства. е) Вот вам рецéпт
на пóливитамúны. ж) В поликлúнике есть аптéка?
4. а) Я не хочý читáть. У меня́ боля́т глазá. б) Я не хочý есть. У меня́ болúт живóт.
в) Он не хóчет пойтú гуля́ть. У негó болúт ногá. г) Я не могý писáть. У меня́ болúт рукá.

Урóк 5 - ДАВÁЙТЕ ПОСЛУШАЕМ!
а) Зуб. б) Два дня. в) Нет. г) На пеницıллúн.

Урóк 5 - ДАВÁЙТЕ ПОЧИТÁЕМ!
а) Из туристúческого агéнтства. б) В Москвé. в) У негó был аппендицúт.
г) В воскресéнье. д) Нет.

Урóк 6 - УПРАЖНЕНИЯ

1. а) Людми́ла б) На вторóм в) Крáсное г) Компáкт-ди́ск д) Кольцó
2. Ивáн хóчет сдéлать подáрок Людми́ле, потому́ что он возвращáется в Сарáнск. Они́ иду́т в магази́н . Людми́ла хóчет зелёное плáтье, но её размéра нет. Наконéц онá покупáет крáсное плáтье и сéрую юбку. Потóм они́ иду́т в музыкáльный отдéл, потому́ что Ивáн хóчет купи́ть компáкт-ди́ск. Пи́тер тóже в магази́не. Он покупáет кольцó в ювели́рном отдéле.
3. а) В отдéле жéнской одéжды. б) В отдéле спиртны́х напи́тков. в) В ювели́рном отдéле. г) В отдéле óбуви. д) В музыкáльном отдéле. е) В конди́текрском отдéле.
4. хорóшие часы́ / зелёное плáтье / на вторóм этажé / крáсная юбка / большóе спаси́бо ми́лый человéк / отдéл óбуви / золотóе кольцó / вку́сный шоколáд / музыкáльный отдéл
5. а) Он крáсного цвéта. б) Он бéлого цвéта. в) Он жёлтого цвéта. г) Онá зелёного цвéта. д) Он бéлого, си́него и крáсного цвéта. е) Он голубóго и жёлтого цвéта. ж) Он чёрного цвéта.
6. а) Сáмая дли́нная рекá в Еврóпе - Вóлга. б) Сáмый извéстный ру́сский поэ́т - Алексáндр Сергéевич Пу́шкин. в) Сáмый большóй музéй Росси́и - Эрмитáж. г) Сáмая дли́нная рекá в Сиби́ри - Обь. д) Сáмое большóе óзеро в Сиби́ри - Байкáл. е) Сáмое холóдное мéсто в Росси́и - Верхоя́нск. ж) Сáмая высóкая горá в Росси́и - Эльбру́с. з) Кэ́дбери - э́то сáмый лу́чший шоколáд!

Урóк 6 - ДАВАЙТЕ ПОСЛУШАЕМ!

а) Да. б) Улица Тверскáя 24. в) 221-44-16. г) Метрó Тверскáя.

Урóк 6 - ДАВАЙТЕ ПОЧИТАЕМ!

1. а) Мужскóй плащ и свáдебное плáтье. б) Мерседéс.
2. а) В 1992-ом году́. б) Бóлее 16.000 тонн. в) В гóроде Чу́дово óколо Нóвгорода. г) В Бирмингéме.

Урóк 7 - УПРАЖНЕНИЯ

1. а) Пи́тер. б) Да. в) Нет. г) Нет. д) Нет. е) Да. ж) Да. з) Мы не знáем.
2. Людми́ла узнáла, что их пóезд отхóдит с пя́той платфóрмы. Людми́ла вы́шла из пóезда в Сóфрино, потому́ что у неё там бы́ли делá. Пи́тер поéхал в Сéргиев Посáд оди́н. Он не знал, как пройти́ в монасты́рь. Когдá Пи́тер вы́шел из пóезда, он уви́дел вдали́ куполá монастыря́. На вокзáле былá гру́ппа америкáнских тури́стов. Они́ тóже шли в монасты́рь, и Пи́тер пошёл за ни́ми. В монастырé он посмотрéл цéрковь и музéй. В два часá Людми́ла и Пи́тер встрéтились óколо фонтáна и пошли́ в ресторáн обéдать.
3. а) Ивáн и Людми́ла éхали на пóезде, котóрый идёт в Алексáндров. б) Тури́сты, котóрые шли в монасты́рь, бы́ли из Нью-Йóрка. в) Кольцó, котóрое купи́л Пи́тер, понрáвилось Людми́ле. г) Экскурсовóд, с котóрым мы éхали, знал все интерéсные местá. д) В пóезде, на котóром мы éхали, óкна бы́ли закры́ты. е) Проводни́ца, котóрая éхала с нáми, не знáла почему́. ж) Инострáнец, о котóром мы говори́ли, не хотéл пить чай!
4. расписáние поездóв / террито́рия монастыря́ / порá выходи́ть / америкáнские тури́сты слéдующая останóвка / слéдующий пóезд / óкна закры́ты / краси́вое кольцó во врéмя перестрóйки / дореволюциóнное назвáние

5. а) - Здрáвствуйте! Кудá вы идёте?
       - Я иду́ в óфис.
       - Вы всегдá хóдите тудá пешкóм?

   б) - Здрáвствуй! Кудá ты идёшь?
       - Я иду́ в теáтр.
       - Ты чáсто хóдишь в теáтр?

6. а) - Здрáвствуйте! Кудá вы éдете?
       - Я éду на рабóту.
       - Вы всегдá éздите тудá на метрó?

   б) - Здрáвствуй! Кудá ты éдешь?
       - Я éду на дáчу.
       - Ты éздишь тудá кáждую суббóту?

Урóк 7 - ДАВАЙТЕ ПОСЛУШАЕМ!

а) На Ярослáвский вокзáл. б) Пи́тер. в) Потому́ что он инострáнец. г) Потому́ что онá не знáет, на какóм пóезде Пи́тер хóчет поéхать. д) Тепéрь для инострáнцев не дорóже. Тепéрь мóжно купи́ть билéт чéрез интернéт.

Урóк 7 - ДАВАЙТЕ ПОЧИТАЕМ!

а) Потому́ что странá большáя. б) На сéвер. в) Он (и́ли онá) поддéрживает поря́док в вагóне, помогáет пассажи́рам и продаёт им бельё и чай. г) Информáция о нóвом скоростнóм пóезде «Сапсáн».

Урóк 8 - УПРАЖНЕНИЯ

1. а) Ивáн и Пи́тер. б) Отéц Пи́тера. в) Мóжет быть. г) Да. д) Нет. е) Нет. ж) Да. з) Нет. и) У Ивáна. к) Оригинáл .
2. Пи́тер уезжáет в суббóту. Снáчала он лети́т в Пари́ж. Там живёт егó отéц. Пи́тер встрéтит отцá в Пари́же. Потóм он поéдет в Лóндон. Он снóва, мóжет быть, приéдет в Москву́ в январé. Вади́м хóчет поéхать в Лóндон, чтóбы читáть лéкции о кинó. Он говори́т об э́том Пи́теру. Пи́тер отвечáет, что он подýмает.

3. а) Пи́тер хо́чет повида́ть отца́. б) Ива́н улета́ет в суббо́ту. в) Вади́м хо́чет чита́ть ле́кции в Ло́ндоне. г) Ива́н хо́чет стать дире́ктором фи́рмы. д) Ива́н пришёл попроща́ться с Людми́лой. е) Ива́н и Пи́тер уже́ знако́мы. ж) У му́жа Зо́и Петро́вны была́ секре́тная рабо́та.

4. ру́сская литерату́ра / отве́т на вопро́с / молодо́й миллионе́р / дире́ктор фи́рмы секре́тная рабо́та / сто проце́нтов / пробле́ма с нало́гами / фотоко́пия оригина́ла.

5. а) Я хоте́л(а) бы посла́ть посы́лку, но по́чта закры́та. б) Я хоте́л(а) бы пое́хать в Москву́, но нет поездо́в. в) Я хоте́л(а) бы пойти́ в теа́тр, но нет биле́тов. г) Я хоте́л(а) бы переночева́ть, но гости́ница закры́та. д) Я хоте́л(а) бы приня́ть душ, но нет воды́. е) Я хоте́л(а) бы подня́ться на трина́дцатый эта́ж, но лифт не рабо́тает. ж) Я хоте́л(а) бы пообе́дать, но рестора́н закры́т. з) Я хоте́л(а) бы посмотре́ть ико́ны, но собо́р закры́т. и) Мы хоте́ли бы пожени́ться, но ЗАГС закры́т на ремо́нт.

6. а) Е́сли бы по́чта была́ откры́та, я бы посла́л(а) посы́лку. б) Е́сли бы бы́ли поезда́, я бы пое́хал(а) в Москву́. в) Е́сли бы бы́ли биле́ты, я бы пошёл/пошла́ в теа́тр. г) Е́сли бы гости́ница была́ откры́та, я бы переночева́л(а). д) Е́сли бы была́ вода́, я бы при́нял/приняла́ душ. е) Е́сли бы лифт рабо́тал, я бы подня́лся/подняла́сь на 13ый эта́ж. ж) Е́сли бы рестора́н был откры́т, я бы пообе́дал(а). з) Е́сли бы собо́р был откры́т, я бы посмотре́л(а) ико́ны. и) Е́сли бы ЗАГС был откры́т, мы бы пожени́лись.

7. а) Мы не зна́ем, лю́бит ли она́ его́. б) Мы не зна́ем, лю́бит ли он её. в) Мы не зна́ем, хо́чет ли он пригласи́ть его́ в Ло́ндон. г) Мы не зна́ем, хо́чет ли она́ пое́хать в Сара́нск. д) Мы не зна́ем, говори́т ли она́ по-англи́йски. е) Мы не зна́ем, говори́т ли он по-францу́зски. ж) Мы не зна́ем, полу́чит ли он де́ньги обра́тно.

Уро́к 8 - ДАВА́ЙТЕ ПОСЛУ́ШАЕМ!
а) Рабо́та секрета́рши. б) Челове́к с дипло́мом секрета́рши. в) На метро́, а пото́м пешко́м. г) Она́ ещё спра́шивает о том, ку́рят ли в о́фисе.

Уро́к 8 - ДАВА́ЙТЕ ПОЧИТА́ЕМ!
а) Отдыха́ть на да́че. б) 11%. в) О́коло 2000.

Уро́к 9 - УПРАЖНЕ́НИЯ
1. а) Да. б) Никто́, кро́ме Тама́ры. в) Нет. г) Нет. д) Да. е) Да. ж) Нет. з) Никого́.

2. а) Тама́ра приглаша́ет Людми́лу к себе́ на кварти́ру, но Людми́ла не зна́ет почему́. Людми́ла говори́т, что она́ не лю́бит секре́ты, но Тама́ра отвеча́ет, что у Людми́лы то́же есть секре́т. б) Как вы́глядят друзья́ Людми́лы? Ива́н - высо́кий брюне́т, но́сит джи́нсы и сви́тер.Пи́тер небольшо́го ро́ста. Он одева́ется хорошо́. Людми́ла говори́т, что ей никто́ не нра́вится. в) В ко́мнату вхо́дит Вади́м. Людми́ла говори́т, что она́ никого́ не жда́ла. Тама́ра выхо́дит из ко́мнаты. Вади́м де́лает Людми́ле предложе́ние. Он её лю́бит. Людми́ла хо́чет поду́мать. Она́ ска́жет о своём реше́нии в суббо́ту.

3. дли́нные во́лосы / экску́рсия по Во́лге / ка́рие глаза́ / краси́вая блу́зка / се́рое пальто́ интере́сное предложе́ние / брита́нская авиакомпа́ния / высо́кий блонди́н / но́вый костю́м.

4. а) Никуда́. б) Нигде́. в) Никого́. г) Ни с кем. д) Никому́. е) Никто́.

5. а) Никто́ не зна́ет. б) Я никого́ не жда́л(а). в) Я никому́ не говори́л(а). г) Я никогда́ не был(а) там. д) Я никуда́ не пое́хал(а). е) Я ничего́ не хочу́.

6. а) Она́ ду́мает то́лько о себе́. б) Мы са́ми не зна́ем, что де́лать. в) Она́ сама́ говори́т, что э́то был он. г) Он купи́л себе́ пода́рок. д) Я понима́ю его́ пробле́му. е) Он понима́ет мою́ пробле́му. ж) Она́ ска́жет о своём реше́нии в суббо́ту.

7. а) Он забы́л свой но́мер телефо́на. б) Он жил в своём до́ме. в) Она́ позвони́ла свои́м роди́телям. г) Она́ не лю́бит свои́ во́лосы. д) Иностра́нец потеря́л свою́ су́мку. е) Он писа́л о свои́х пробле́мах. ж) Мы пойдём свое́й доро́гой. з) В Ту́лу со свои́м самова́ром не е́здят!

8. большо́й / ма́ленький : откры́тый / закры́тый : широ́кий / у́зкий : дли́нный / коро́ткий хоро́ший / плохо́й : молодо́й / ста́рый : чёрный / бе́лый : краси́вый / некраси́вый

Уро́к 9 - ДАВА́ЙТЕ ПОСЛУ́ШАЕМ!
а) Андре́й. б) Из Москвы́. в) В пя́тницу. г) Он высо́кий брюне́т. Он бу́дет в зелёном сви́тере, с буке́том кра́сных роз!

Уро́к 9 - ДАВА́ЙТЕ ПОЧИТА́ЕМ!
а) В каю́тах есть кондиционе́р, холоди́льник, душ и туале́т. б) Мо́жно слу́шать му́зыку, смотре́ть фи́льмы, чита́ть, ходи́ть в соля́рий и́ли в са́уну. в) В Москве́.

Уро́к 10 - УПРАЖНЕ́НИЯ
1. а) Нет. б) В Сара́нск. в) В Пари́ж. г) Её мать. д) Ива́н. е) Сын Людми́лы. ж) Да.

2. а) Вади́м и Людми́ла провожа́ют Пи́тера, кото́рый улета́ет в Пари́ж. Прихо́дит Ива́н. Он перепу́тал аэропо́рты. Самолёты в Сара́нск вылета́ют не из Шереме́тьево, но из Домоде́дово. Ива́н, наве́рно, уже́ опозда́л на самолёт.

б) Ива́н хо́чет что́-то сказа́ть Людми́ле, но вдруг прихо́дят её мать и сын, Русла́н. Они́ прие́хали из Со́фрино специа́льно, что́бы её проводи́ть. в) Но Людми́ла никуда́ не улета́ет. Её мать всё перепу́тала. Пи́тер ничего́ не понима́ет, а Ива́н говори́т, что ему́ на́до пое́хать. Мо́жет быть его́ самолёт заде́рживается.

3. а) Никто́ из мужчи́н не знал, что у Людми́лы есть сын. б) Людми́ла никуда́ не улета́ет. в) Её мать всегда́ всё пу́тает. г) Пи́тер ничего́ не понима́ет.

4. регистра́ция биле́тов / прия́тные лю́ди / пе́ред отъе́здом / междунаро́дный аэропо́рт / электро́нная по́чта / у́мный ма́льчик / францу́зская авиакомпа́ния

Уро́к 10 - ДАВАЙТЕ ПОСЛУШАЕМ!
а) Из Сара́нска. б) Нет. в) В сре́ду ве́чером.

Уро́к 10 - ДАВАЙТЕ ПОЧИТАЕМ!
а) Нет. б) Он стал ме́ньше. в) Да. г) Teacher marking required.
д) В 2006 г. у Аэрофло́та бы́ло то́лько 88 самолётов. Аэрофло́т лета́л в 87 пу́нктов 47 стран. То́лько о́коло семи́ миллио́нов пассажи́ров лета́ли Аэрофло́том. В 2006 г. но́вый термина́л то́лько плани́ровался.

ТЕКСТЫ ДИАЛОГОВ "ДАВАЙТЕ ПОСЛУШАЕМ!"

Уро́к 1

Людми́ла:	Зо́я Петро́вна, а у Ива́на есть жена́?
Зо́я Петро́вна:	Ну что ты, Лю́да. Я ду́маю, что он ещё не жена́т.
Людми́ла:	А ско́лько ему́ лет?
Зо́я Петро́вна:	Три́дцать оди́н год.
Людми́ла:	А где он живёт?
Зо́я Петро́вна:	Я ду́маю, что он живёт с ма́мой в Сара́нске. Но я не уве́рена в э́том.
Людми́ла:	Зна́чит, у него́ нет кварти́ры?
Зо́я Петро́вна:	Я не зна́ю. А почему́ ты спра́шиваешь? Он что? Приглаша́л тебя́ в го́сти?
Людми́ла:	Мо́жет быть...
Зо́я Петро́вна:	К сожале́нию, я зна́ю так ма́ло о семье́ свое́й сестры́ в Сара́нске. Это о́чень пло́хо!

Уро́к 2

Зо́я Петро́вна:	Вади́м, куда́ ты идёшь?
Вади́м:	Я иду́ на по́чту.
Зо́я Петро́вна:	Да? Ты мо́жешь отосла́ть посы́лку в Ялту?
Вади́м:	Коне́чно. Где она́?
Зо́я Петро́вна:	Она́ у меня́ в ко́мнате. И купи́ мне де́сять конве́ртов с ма́рками.
Вади́м:	Ма́ма, ты забы́ла написа́ть а́дрес на посы́лке.
Зо́я Петро́вна:	Пра́вда? Ну напиши́ сам!
Вади́м:	Кому́ посы́лка?
Зо́я Петро́вна:	Ты же зна́ешь! Оле́гу коне́чно! Кого́ ещё мы зна́ем в Ялте?
Вади́м:	Я не по́мню его́ фами́лию.
Зо́я Петро́вна:	Па́ршин Оле́г Ильи́ч. Го́род Ялта, у́лица Ле́нина, дом 28, кварти́ра 266.

Уро́к 3

Говори́т Москва́. Моско́вское вре́мя 12 часо́в. О пого́де.
По све́дениям гидрометце́нтра в Москве́ сейча́с оди́н гра́дус.
Сего́дня в столи́це снег, си́льный ве́тер, температу́ра ми́нус два гра́дуса. Температу́ра но́чью ми́нус четы́ре, ми́нус шесть. За́втра со́лнце, не бу́дет сне́га и бу́дет холодне́е, до ми́нус де́сяти.
За́втра но́чью бу́дет си́льный моро́з.

Уро́к 4

Тама́ра:	Алло́, я слу́шаю.
Людми́ла:	То́ма, э́то ты? Мне на́до с тобо́й сро́чно встре́титься.
Тама́ра:	В чём де́ло? Скажи́ мне сейча́с...
Людми́ла:	Нет, э́то не телефо́нный разгово́р. У тебя́ сейча́с вре́мя есть?
Тама́ра:	Нет. Я сейча́с ухожу́ и приду́ по́здно. А что случи́лось?
Людми́ла:	Тогда́ за́втра?
Тама́ра:	Нет. За́втра воскресе́нье. По воскресе́ньям я хожу́ на йо́гу.
Людми́ла:	Коро́че, у тебя́ нет свобо́дного вре́мени, и ты не мо́жешь со мной встре́титься!
Тама́ра:	Да ла́дно. Норма́льно. Встре́тимся за́втра ве́чером в полови́не шесто́го в метро́ «Кра́сные Воро́та».
Людми́ла:	Хорошо́. Я бу́ду е́хать из це́нтра. Пе́рвый ваго́н. Пока́!

Уро́к 5

Врач:	На что вы жа́луетесь?
Ива́н:	У меня́ боли́т зуб.
Врач:	Откро́йте рот, я посмотрю́... Вот э́тот?
Ива́н:	Ааа! Да, о́чень бо́льно!
Врач:	Де́ло пло́хо! Этот зуб придётся удали́ть. Он у вас давно́ боли́т?
Ива́н:	Со среды́.
Врач:	А сего́дня пя́тница. Зна́чит два дня. Что же вы ра́ньше не пришли́?
Ива́н:	Ра́ньше не́ было направле́ния.
Врач:	Ну, хорошо́. Я сейча́с сде́лаю вам уко́л, и че́рез пятна́дцать мину́т зуб удали́м. Вы в да́нный моме́нт никаки́х лека́рств не принима́ете?
Ива́н:	Нет.
Врач:	Аллерги́ей не страда́ете?
Ива́н:	У меня́ аллерги́я на пеницилли́н.
Врач:	Хорошо́. Откро́йте рот...

Уро́к 6

Дом му́зыки! Улица Тверска́я 24! Са́мый лу́чший музыка́льный магази́н в Москве́! Компакт-ди́ски, аудиокассе́ты, пласти́нки на все вку́сы! У нас вы найдёте всё, что хоти́те: кла́ссику, ру́сскую наро́дную му́зыку, джаз, америка́нский рок и мно́гое друго́е. Наш магази́н для соли́дных клие́нтов, а це́ны вас прия́тно удивя́т - они́ ни́же ры́ночных! Мы ждём вас по а́дресу: Улица Тверска́я 24, телефо́н 221-44-16. Са́мый лу́чший музыка́льный магази́н в Москве́! Приходи́те, приезжа́йте! Ста́нция метро́ – «Тверска́я». Мы всегда́ вам ра́ды!

Уро́к 7

Людми́ла:	Алло́! Это Яросла́вский вокза́л?
Рабо́тник ка́ссы:	Да. Что вы хоти́те?
Людми́ла:	Я хочу́ заказа́ть биле́ты на по́езд до Ни́жнего Но́вгорода.
Рабо́тник ка́ссы:	Когда́ вы хоти́те пое́хать?
Людми́ла:	Это не я. Это, подожди́те,... Пи́тер Смит.
Рабо́тник ка́ссы:	Вы зна́ете, что для иностра́нцев доро́же, да? Когда́ она́ хо́чет пое́хать?
Людми́ла:	Это не она́. Это он.
Рабо́тник ка́ссы:	Америка́нец?
Людми́ла:	Нет. Англича́нин.
Рабо́тник ка́ссы:	Хорошо́. Когда́ он хо́чет пое́хать?
Людми́ла:	В пя́тницу шесто́го ию́ня.
Рабо́тник ка́ссы:	Хорошо́. На како́м по́езде?
Людми́ла:	Я не зна́ю. А когда́ отхо́дят поезда́?
Рабо́тник ка́ссы:	Утром в 10.10. Ве́чером в 23.00.
Людми́ла:	И ско́лько идёт по́езд?
Рабо́тник ка́ссы:	Днём по́езд идёт семь часо́в. Но́чью побо́льше. Он прибу́дет в семь три́дцать.
Людми́ла:	Спаси́бо. Я перезвоню́ вам.

Уро́к 8

75 Дире́ктор фи́рмы:

Алло́, я слу́шаю.

Тама́ра: Здра́вствуйте. Я звоню́ по по́воду ва́шего объявле́ния в газе́те. Вы и́щете секрета́ршу?

Дире́ктор: Да.

Тама́ра: Я хоте́ла бы вы́яснить ко́е-каки́е вопро́сы. Во-пе́рвых, в объявле́нии не ска́зано кака́я зарпла́та.

Дире́ктор: Э́то зави́сит от ва́шей квалифика́ции. Вы име́ете дипло́м секрета́рши?

Тама́ра: Да.

Дире́ктор: Хорошо́. Тогда́ пришли́те своё заявле́ние. Наш а́дрес в газе́те.

Тама́ра: Каки́м ви́дом тра́нспорта мо́жно дое́хать до вас?

Дире́ктор: Мо́жно дое́хать до метро́ «Смоле́нская», а там мину́т де́сять пешко́м.

Тама́ра: У меня́ аллерги́я от табака́. В ва́шем о́фисе ку́рят?

Дире́ктор: Там, где вы бу́дете сиде́ть, нет. То́лько у меня́ в кабине́те!

Тама́ра: Хорошо́. Я сего́дня вы́шлю заявле́ние.

Дире́ктор: Пожа́луйста. До свида́ния.

Уро́к 9

82 **Тама́ра:** Алло́! Говори́т автоотве́тчик. Оста́вьте, пожа́луйста, сообще́ние по́сле гудка́.

Андре́й: Здра́вствуйте, Тама́ра! Я чита́л ва́ше объявле́ние в газе́те. Меня́ зову́т Андре́й Сме́хов. Я из То́мска. Я био́лог. Мне три́дцать два го́да. Я о́чень симпати́чный, высо́кий, с ю́мором. Я брюне́т. Я культу́рный челове́к, серьёзный. Дава́йте встре́тимся, е́сли хоти́те. Я ско́ро уезжа́ю в Томск. Дава́йте встре́тимся в кафе́ «Луна́» в семь часо́в ве́чера в пя́тницу. Я бу́ду в зелёном сви́тере, с больши́м буке́том кра́сных роз! Перезвони́те, пожа́луйста. Как вы вы́глядите? Как я вас узна́ю? Андре́й Сме́хов. Мой телефо́н в Москве́: 293-23-03, а в То́мске: 75-04-02. До встре́чи.

Уро́к 10

90 **Ива́н:** До́брый ве́чер!

Вади́м: Кто говори́т?

Ива́н: Ива́н Козло́в. Я звоню́ из Сара́нска.

Вади́м: Поня́тно. А Людми́лы нет до́ма. Она́ у ма́мы в Со́фрино.

Ива́н: Я хоте́л с ва́ми поговори́ть.

Вади́м: Вот как!...

Ива́н: Вади́м Бори́сович, чей э́то ма́льчик?

Вади́м: Ра́зве вы не по́няли?! Э́то её сын, Русла́н.

Ива́н: А я об э́том ничего́ не знал!

Вади́м: Я то́же!

Ива́н: Вот вам же́нщины!

Вади́м: Ива́н Никола́евич, когда́ вы ещё раз бу́дете в Москве́?

Ива́н: На сле́дующей неде́ле.

Вади́м: Дава́йте тогда́ встре́тимся, поговори́м, ла́дно?

Ива́н: С удово́льствием. Дава́йте в сре́ду ве́чером.

Вади́м: Хорошо́.

Ива́н: Тогда́, как прие́ду, я вам позвоню́.

Вади́м: Хорошо́. Договори́лись. До встре́чи.

Nouns - Gender - Cases

Russian has three genders and six main cases. Nouns and pronouns decline according to number and case. Adjectives decline according to gender, number and case.

The nominative is used for the subject or for naming something.

The accusative is used for the direct object of a sentence, after в and на (meaning "to") , after спасибо за, after через, and in certain other expressions, for example expressions of time.

The genitive is used to express "of". It is also used after negatives, numbers, and certain prepositions, e.g. из, от, до, для, у, без, напротив, после, and с (meaning "from").

The dative is used for an indirect object, after к and по, and to express age (page 13).

The instrumental is used after с (meaning "with" in the sense of "accompanying"), after certain other prepositions (page 125) and after certain verbs (pages 14 and 89).
It is used without a preposition to express "with" an instrument.

The prepositional is used after в and на (meaning "at", "in" or "on") and after о - "about".

Further examples of case usage can be found in Ruslan 3 and in the Ruslan Russian Grammar.

Masculine nouns

	hard endings	-ь	-й		Singular
N	билет	гость	трамвай		
A	билет	гостя*	трамвай		* the accusative endings of
G	билета	гостя	трамвая		animate masculine nouns are
D	билету	гостю	трамваю		the same as the genitive.
I	билетом	гостем	трамваем		
P	билете	госте	трамвае		
					Plural
N	билеты	гости	трамваи		
A	билеты	гостей*	трамваи		
G	билетов	гостей	трамваев		
D	билетам	гостям	трамваям		
I	билетами	гостями	трамваями		
P	билетах	гостях	трамваях		

Neuter nouns

	-о	-е	-ие	-мя
N	место	море	здание	время
A	место	море	здание	время
G	места	моря	здания	времени
D	месту	морю	зданию	времени
I	местом	морем	зданием	временем
P	месте	море	здании	времени
N	места	моря	здания	времена
A	места	моря	здания	времена
G	мест	морей	зданий	времён
D	местам	морям	зданиям	временам
I	местами	морями	зданиями	временами
P	местах	морях	зданиях	временах

Feminine nouns

	-а	-ка, -га	-я	-ия	-ь
N	виза	книга	неделя	декларация	площадь
A	визу	книгу	неделю	декларацию	площадь
G	визы	книги	недели	декларации	площади
D	визе	книге	неделе	декларации	площади
I	визой	книгой	неделей	декларацией	площадью
P	визе	книге	неделе	декларации	площади
N	визы	девушки	недели	декларации	площади
A	визы	девушек*	недели	декларации	площади
G	виз	девушек	недель	деклараций	площадей
D	визам	девушкам	неделям	декларациям	площадям
I	визами	девушками	неделями	декларациями	площадями
P	визах	девушках	неделях	декларациях	площадях

* the accusative endings of animate feminine plural nouns are the same as the genitive.

Spelling rules

1. ы cannot follow г, ж, к, х, ч, ш or щ. It is replaced by и. The genitive singular of книга is therefore книги and the nominative plural of девушка is девушки.
2. Unstressed о cannot follow ж, ц, ч, ш or щ. It is replaced by е. The instrumental "with Natasha" is therefore с Наташей.

Exceptions in Ruslan 1 and 2

Several masculine nouns have the prepositional singular ending -у́ or -ю́ with в or на meaning "in" or "on": в лесу́ - "in the forest", в бою́ - "in battle".
Several masculine nouns have the nominative plural ending -а́ or -я́: города́ - "towns".
мать and дочь have a stem in -ер-: с ма́терью - "with mother".
Several nouns have a "fleeting" о or е: день - "a day" / два дня - "two days".
There are often stress changes. See: ме́сто / гость (above).
Many words of foreign origin, and which do not resemble Russian nouns, do not change their endings, e.g. метро́, такси́. Many others, e.g. бар, decline normally.
путь has its own declension. See page 88.
Most nouns in -анин have the nominative plural in -ане and the genitive plural in -ан.
More exceptions are given in Ruslan 3 and in the Ruslan Russian Grammar.

Personal pronouns

N	я	ты	он	она́	мы	вы	они́
A	меня́	тебя́	его́ *	её *	нас	вас	их*
G	меня́	тебя́	его́ *	её *	нас	вас	их*
D	мне	тебе́	ему́ *	ей *	нам	вам	им *
I	мной	тобо́й	им *	ей *	на́ми	ва́ми	и́ми *
P	мне	тебе́	нём	ней	нас	вас	них

* After prepositions, его́, её, ему́, их, etc. change to него́, неё, нему́, них, etc.
e.g. у него, с ней, о нём.

кто - "who" and что - "what"

N	кто	что
A	кого́	что
G	кого́	чего́
D	кому́	чему́
I	кем	чем
P	ком	чём

э́тот - "this" or "that"

	M.	N.	F.	P.
N	э́тот	э́то	э́та	э́ти
A	э́тот	э́то	э́ту	э́ти
G	э́того	э́того	э́той	э́тих
D	э́тому	э́тому	э́той	э́тим
I	э́тим	э́тим	э́той	э́тими
P	э́том	э́том	э́той	э́тих

Adjectives

	Masculine	Neuter	Feminine	Plural (all genders)
N	красивый	красивое	красивая	красивые
A	красивый*	красивое	красивую	красивые*
G	красивого	красивого	красивой	красивых
D	красивому	красивому	красивой	красивым
I	красивым	красивым	красивой	красивыми
P	красивом	красивом	красивой	красивых

* The accusative endings of adjectives qualifying masculine singular and plural animate nouns and feminine plural animate nouns are the same as the genitive.

Adjectives with stems ending in к, г, ш, щ, х, ж, ч and ц are affected by the spelling rules (p. 140), with ы and о changing to и and е as required.

Soft adjectives include последний, нижний, карий, синий. They decline as follows:

Masculine: синий, синий*, синего, синему, синим, синем

Neuter: синее, синее, синего, синему, синим, синем

Feminine: синяя, синюю, синей, синей, синей, синей

Plural: синие, синие, синих*, синим, синими, синих

третий has its own declension, inserting a soft sign.

Masculine: третий, третий*, третьего, третьему, третьим, третьем

Neuter: третье, третье, третьего, третьему, третьим, третьем

Feminine: третья, третью, третьей, третьей, третьей, третьей

мой, твой, свой

N	мой	моё	моя	мои
A	мой*	моё	мою	мои*
G	моего	моего	моей	моих
D	моему	моему	моей	моим
I	моим	моим	моей	моими
P	моём	моём	моей	моих

ваш, наш

N	наш	наше	наша	наши
A	наш*	наше	нашу	наши*
G	нашего	нашего	нашей	наших
D	нашему	нашему	нашей	нашим
I	нашим	нашим	нашей	нашими
P	нашем	нашем	нашей	наших

весь has its own declension - page 126.

The comparative and superlative of adjectives and adverbs

The comparative is formed with -ee, but there are exceptions in -e. See page 37.
The superlative is formed with самый. See page 73.

Errata:
говорить, любить, видеть are type 2 verbs, знать, понимать, танцевать are type 1.

Verbs in the present tense
Type 1 or first conjugation verbs:

говорить   я говорю, ты говоришь, он / она говорит, мы говорим, вы говорите, они говорят

любить   я люблю, ты любишь, он/она любит, мы любим, вы любите, они любят

видеть   я вижу, ты видишь, он / она видит, мы видим, вы видите, они видят

жить   я живу, ты живёшь, он / она живёт, мы живём, вы живёте, они живут

ждать   я жду, ты ждёшь, он / она ждёт, мы ждём, вы ждёте, они ждут

пить   я пью, ты пьёшь, он / она пьёт, мы пьём, вы пьёте, они пьют

Type 2 or second conjugation verbs:

знать   я знаю, ты знаешь, он / она знает, мы знаем, вы знаете, они знают

понимать   я понимаю, ты понимаешь, он / она понимает, ...

танцевать   я танцую, ты танцуешь, он / она танцует, ...

Irregular:

хотеть   я хочу, ты хочешь, он / она хочет, мы хотим, вы хотите, они хотят

The conjugations of approx. 400 verbs are given in the Ruslan Russian Grammar.

Past tenses:

Past tense verbs agree with the subject. Take the stem of the infinitive. Remove the -ть ending and add: Masculine: -л   Feminine: -ла   Neuter: -ло   Plural: -ли

знать - я знал / знáла, ты знал / знáла, он знал, онá знáла, мы / вы / онѝ знáли

быть - я бы̋л / былá, и т.д., онó бы̋ло

There are often stress changes and exceptions, especially with verbs in -чь or -ти

идтѝ - он шёл, онá шла, онó шло, онѝ шли

мочь - он мог, онá моглá, онó моглó, онѝ моглѝ

Future tenses. There is an imperfective future (я бýду рабóтать) and a perfective future (я пойдý). See page 49.

Reflexive verbs add the particle -ся (-сь after a vowel). Ruslan 1 lesson 9.

The conditional uses past tense forms with the particle бы. Page 101.

Verb aspects

Most Russian verbs have two forms, imperfective and perfective.
The imperfective form describes the process of an action, e.g. in the present.
The perfective emphasises that an action is sudden or completed.
Detailed explanation - page 27.
There is a revision section on verb aspects in "Ruslan 3".

Verbs of motion

There are several different forms of verbs of motion.
Detailed explanation - pages 87 and 101. Revision section in "Ruslan 3".

The imperative

Most verbs use the endings -ѝте or -áйте. A few use -ньте, -рьте or -дьте.

Идѝте!	-	Go!	Открóйте!	-	Open!
Скажѝте!	-	Say!	Принесѝте!	-	Bring (me)!
Найдѝте!	-	Find!	Слýшайте!	-	Listen!
Проходѝте!	-	Go through!	Давáйте!	-	Let's!
Извинѝте!	-	Excuse (me)!	Читáйте!	-	Read!
Перестáньте!	-	Stop it!	Бýдьте!	-	Be!

For the singular ты form, simply remove the -те.

Идѝ сюдá! -   Come here!

Rules for the stress in Russian words

In most cases you have to learn the stress for each new word, but these rules will help.
The letter ё is always stressed.
Nouns in -ист that denote people have a stressed ending. e.g. оптимѝст.
Adjectives with the nominative singular in -ой have stressed endings. e.g. большóй.
When the prefix вы- is used with nouns and perfective verbs it is always stressed
e.g. вы̋йти , вы̋ход. With imperfective verbs it is usually unstressed. e.g. выходѝть.
Infinitives ending in -ти have a stressed ending (unless they have the prefix вы-) .
e.g. идтѝ, пройтѝ.
Adjectives in -ический and adverbs in -ически have a stressed -ѝ-.
e.g. политѝческий, трагѝчески.
Nouns with the ending -ение or -ание usually have a stressed -é- or -á-.
e.g. рождéние, внимáние. There are exceptions, e.g. обслýживание.
The masculine nominative plural ending -á is always stressed. e.g. домá.
The masculine prepositional singular ending -ý or -ю̋ is always stressed. e.g. в садý.

РУССКО-АНГЛИЙСКИЙ СЛОВАРЬ

This dictionary includes words from the Ruslan Russian 1 and 2 books and CDRoms. If a word has several meanings, then it is possible that only those used in the Ruslan course are given.
A large print version of these pages is available at www.ruslan.co.uk/ruslan2.htm

а	and; but	бáбушка	grandmother
áвгуст	August	багáж	luggage
авиакомпáния	airline company	балалáйка	balalaika
авиаконстрýктор	aircraft constructor	балéт	ballet
авиáция	aviation	балкóн	balcony
автóбус	bus	Бáлтика	Baltic
автомáт	slot machine	банáн	banana
автомобúль (m.)	car	бандерóль (f.)	printed matter
автоотвéтчик	answer phone	банк	bank (finance)
автопортрéт	self portrait	банкомáт	cash machine
áвтор	author	бар	bar
агéнтство	agency	барабáн	drum
адаптáция	adaptation	батóн	loaf
администрáтор	administrator	бéгать	to run (regularly etc.)
áдрес	address	бежáть / по-	to run
акадéмия	academy	без (+ gen.)	without
акт	act (theatre)	бéлый	white
актёр	actor	Бéльгия	Belgium
актрúса	actress	бельэтáж	dress circle
аллергúя	allergy	бельё	linen
Аллó!	Hello! (on the phone)	бенуáр	box (theatre, ground level)
альбóм	album	бефстрóганов	beef stroganof
Амéрика	America	бéрег	bank (of a river, etc.)
америкáнец	an American	берéменность (f.)	state of being pregnant
америкáнский	American	беспокóиться (imp.)	to worry about
анáлиз	analysis	библиотéка	library
ананáс	pineapple	бúзнес	business
ангúна	tonsillitis	бизнесмéн	businessman
англúйский	English	билéт	ticket
англичáнин	an Englishman	биóлог	biologist
англичáнка	an Englishwoman	бúтва	battle
Англия	England	бифштéкс	beef steak or burger
анекдóт	joke	бланк	form
анкéта	form, questionnaire	блúзко	close
антрáкт	interval	ближáйший	the closest
апельсúн	orange	блин	pancake
аперитúв	aperitif	блондúн / -ка	a blonde
аппендицúт	appendicitis	блýзка	blouse
аппетúт	appetite	блюдо	a dish
апрéль (m.)	April	бог	God
аптéка	chemist's	богáтый	rich
арбýз	water melon	Бóже мой!	My God!
аргумéнт	reason	бóжий	of God
арестóвывать / -овáть	to arrest	бок	side
арифмéтика	arithmetic	бóлее	more
áрмия	army	болéзнь (f.)	illness
архитéктор	architect	бóлен / -ьнá / -ьно / -ьны́	ill; painful
архитектýра	architecture	болéть / за-	to be ill; to hurt
аспирúн	aspirin	боль (f.)	pain
ассортимéнт	assortment	больнúца	hospital
атаковáть (imp. + perf.)	to attack	больнúчный	hospital (adj.)
атмосфéра	atmosphere	бóльно	painful
аудиокассéта	cassette	больнóй	a patient
аудитóрия	classroom	бóльше	more, larger
аэропóрт	airport	большóй	big, large

борода́	beard	ве́чная мерзлота́	permafrost
борщ	beetroot soup	вещь (f.)	thing
ботани́ческий	botanical	взять	see брать
бо́чка	barrel	вид	view ; kind (of thing)
брази́льский	Brazilian	вида́ть / по-	to meet (someone)
брак	marriage	ви́ден / -на́ / -но / -ны́	visible
бракосочета́ние	marriage ceremony	ви́део-ка́мера	video camera
брат	brother	видеомагнитофо́н	video recorder
брать / взять	to take	ви́деть / у-	to see
брита́нский	British	ви́деться / у-	to see (each other)
брюне́т / -ка	a brunette	ви́за	visa
бу́дни (pl.)	weekdays	визи́тка	visiting card
Бу́дьте добры́...	Be so good as to ...	виктори́на	party game
бу́ква	letter (character)	вино́	wine
бума́га	paper	виногра́дник	vineyard
бутербро́д	sandwich	виолонче́ль (f.)	cello
буты́лка	bottle	висе́ть (imp.)	to be hanging
буфе́т	snack bar	вишнёвый	cherry (adj.)
бухга́лтер	bookkeeper	включа́ть / включи́ть	to turn on; to include
бы	conditional particle	вкус	taste
быва́ть (imp.)	to be (regularly)	вку́сный	tasty
бы́вший	former	влия́ние	influence
бы́стро	quickly	влия́ть / по-	to influence
быть	to be	вме́сте	together
бюдже́т	budget	внизу́	downstairs
бюро́	office, bureau	внима́ние	attention
бюро́ нахо́док	lost property office	внук	grandson
		вну́чка	granddaughter
в (+ prep.)	at; in	вода́	water
в (+ acc.)	to	вое́нный	military
ваго́н	carriage	во́дка	vodka
ва́жный	important	води́тель (m.)	driver, chauffeur
вальс	waltz	возвра́тный глаго́л	reflexive verb
валю́та	hard currency	возвраща́ть / верну́ть	to return (something)
вам / ва́ми	see вы	возвраща́ться / верну́ться	to return
ва́нна	bath	возду́шный	flying (adj.)
ва́нная	bathroom	возмо́жность (f.)	possibility
вариа́нт	alternative	возража́ть / возрази́ть	to interject
Варша́ва	Warsaw	во́зраст	age
вас	see вы	во́инский	war (adj.)
ваш	your	война́	war
введе́ние	introduction	войти́	see входи́ть
вдали́	in the distance	вокза́л	main station
вдоль (+ gen.)	along	Во́лга	Volga river
вдруг	suddenly	волк	wolf
везде́	everywhere	волнова́ться / вз-	to be worried
век	century	во́лосы	hair
веле́ть / по-	to order someone	вон там	over there
вели́к / -ка́ / -ко́ / -ки́	large (of clothes)	вопро́с	question
вели́кий	large; great	воро́та (pl.)	gates
Великобрита́ния	Great Britain	во́семь	eight
велосипе́д	bicycle	восемна́дцать	eighteen
верну́ть	see возвраща́ть	восемна́дцатый	eighteenth
верну́ться	see возвраща́ться	во́семьдесят	eighty
весёлый	cheerful, gay	воскресе́нье	Sunday
весна́	spring (season)	воспо́льзоваться	see по́льзоваться
вестибю́ль	vestibule	восто́к	east
весь / вся / всё / все	all	до востре́бования	poste restante
ве́тер	the wind	восьмидеся́тый	eightieth
ве́чер	evening ; a party	восьмо́й	eighth
вертолёт	helicopter	вот	here is; there is
ветря́нка	chicken pox	впада́ть в / впасть в	to fall into; flow into
ве́чный	eternal	вполне́	fully

врач	doctor	гнездо́	nest
вре́мя	time	говори́ть / по-	to speak
вре́мя го́да	season	говори́ть / сказа́ть	to say
вса́дник	horseman	год	year
все	everyone; all	гол	goal (in sport)
всегда́	always	голла́ндский	Dutch
всеми́рный	world wide	Голла́ндия	Holland
всеросси́йский	of all Russia	голова́	a head
всё	see весь	головно́й	head (adj.)
вставля́ть / вста́вить	to insert	го́лос	a voice
встре́ча	a meeting	голосова́ть / про-	to vote
встреча́ться / встре́титься	to meet	голубо́й	light blue
вто́рник	Tuesday	голу́бчик	my dear; little pigeon
второ́й	second (adj.)	гора́	mountain
втроём	three together	гора́здо	much (in comparative)
входи́ть / войти́	to enter	гори́лла	gorilla
вчера́	yesterday	го́рло	throat
въезжа́ть / въе́хать	to enter (transport)	го́род	town, city
вы / вас / вам / ва́ми	you (polite and plural)	горя́чий	hot (of food)
выбира́ть / вы́брать	to choose	господи́н	Mister
вы́бранный	chosen	гостеприи́мство	hospitality
вы́глядеть (imp.)	to resemble	гости́ная	living room
вы́дача багажа́	luggage reclaim	гости́ница	hotel
выезжа́ть / вы́ехать из	to go out (transport)	гость (m.)	guest
вы́играть (perf.)	to win	госуда́рственный	state (adj.)
вы́йти из	see выходи́ть	госуда́рство	the state
вы́йти за́муж	to marry (for a woman)	гото́вить / при-	to prepare, to cook
вылета́ть / вы́лететь	to leave (by plane)	гра́дус	degree (temperature)
вы́пить	see пить	гражда́нство	nationality
вы́пуск	production	грамм	gram
вы́расти (perf.)	to grow up	грамма́тика	grammar
высыла́ть / вы́слать	to expel, to send off	грана́та	grenade
высо́кий	tall	грани́ца	frontier
вы́ставка	exhibition	Гре́ция	Greece
вы́учить (perf.)	to learn	гриб	mushroom
вы́ход	exit	грипп	influenza
выходи́ть / вы́йти из	to go out (on foot)	грози́ть / при-	to threaten
выходно́й	non-working day	громкоговори́тель (m.)	loudspeaker
вы́ше	taller	грудь (f.)	chest
выясня́ть / вы́яснить	to explain	грузи́нский	Georgian
		грузово́й	freight (adj.)
		гру́ппа	group
газ	gas	гру́стный	sad
газе́та	newspaper	губа́	lip
галантере́я	haberdashery	гудо́к	a buzz
га́лстук	a tie (clothing)	гуля́ть / по-	to walk
гара́ж	a garage		
гара́нтия	a guarantee		
гармо́нь (f.)	harmonica	да	yes
где	where (at)	Дава́йте ...	Let's ...
герб	coat of arms	дава́ть / дать	to give
Герма́ния	Germany	давно́	a long time ago
геро́й	hero	да́же	even
гид	guide	да́лее	further
гидрометце́нтр	weather centre	далеко́	a long way away
гимна́стика	gymnastics	да́льний	see поезд
гинеко́лог	gynecologist	да́льше	longer
гита́ра	guitar	Да́ния	Denmark
гитари́ст	guitarist	да́нные	data
гла́вный	main	да́нный	given
глаго́л	verb	дари́ть / по-	to give (a present)
глаз (pl. глаза́)	an eye	да́та	date
глоба́льный	global	да́тельный	dative
глубо́кий	deep	дать	see дава́ть

да́ча	dacha, summer house	дово́льно	enough
два	two	догада́ться (perf.)	to guess
двадца́тый	twentieth	договори́ться (perf.)	to agree (to do something)
два́дцать	twenty	доде́лать (perf.)	to complete
двена́дцатый	twelfth	доезжа́ть / дое́хать до	to reach (transport)
двена́дцать	twelve	дождь (m.)	rain
дверь (f.)	door	дойти́	see ДОХОДИ́ТЬ
две́сти	two hundred	до́ктор	doctor
движе́ние	movement; traffic	докуме́нт	document
дворе́ц	palace	до́лго	for a long time
дворцо́вый	of the palace (adj.)	до́лжен / -на́ / -но́ / -ны́	should
дворя́нский	of the nobility (adj.)	до́лжность (f.)	duty
двухме́стный	two-berth	до́ллар	dollar
де́вочка	young girl	дом (pl. дома́)	house
де́вушка	girl	до́ма	at home
девяно́сто	ninety	дома́шний	home (adj.)
девятна́дцать	nineteen	дома́шний кинотеа́тр	wide screen TV
де́вять	nine	домо́й	to home
девятьсо́т	nine hundred	домохозя́йка	housewife
дед / де́душка	grandpa / grandfather	доплы́ть до (perf.)	to reach (by water)
дежу́рная	lady on duty	дореволюцио́нный	pre-revolutionary
действи́тельно	really	доро́га	road
декабрь (m.)	December	дорого́й	expensive, dear
декабри́сты	the Decembrists	доро́же	more expensive
деклара́ция	declaration	достиже́ние	achievement
де́лать / с-	to do; to make	достопримеча́тельность (f.)	
де́ло	business		sight (in town etc.)
де́нежный	money (adj.)	до́ступ	access
день (m.)	day	доходи́ть / дойти́	to reach (by foot)
день рожде́ния	birthday	дочь (f.)	daughter
де́ньги (pl.)	money	друг (pl. друзья́)	friend
дере́вня	village; countryside	друг дру́га	each other
деревя́нный	wooden	друго́й	other
десе́рт	dessert	ду́мать / по-	to think
де́сять	ten	духо́вный	of the church (adj.)
де́ти	children	душ	shower
де́тский	children's (adj.)	душа́	soul
дешёвле	cheaper	дуэ́ль (f.)	duel
дешёвый	cheap	дя́дя	uncle
джин	gin		
джинн	genie	е́вро	euro, euros
джи́нсы	jeans	европе́йский	European
диало́г	dialogue	Евро́па	Europe
дива́н	sofa	его́	his
диктату́ра	dictatorship	его́ (m.)	him, it (object)
дипло́м	diploma	еда́	food
диплома́т	diplomat	её	her (possessive)
дире́ктор	director	её (f.)	her, it (object)
дискоте́ка	discotheque	ежего́дный	annual
диску́ссия	discussion	ежедне́вный	daily
дистрибью́тор	distributor	ей	to her, for her
дитя́ (n.)	child (archaic)	е́здить (imp.)	to go (regularly by transport)
длина́	length	ему́	to him, for him
дли́нный	long	ерунда́	nonsense
дли́ться (imp.)	to last (time)	е́сли	if
для (+ gen.)	for	есть	there is, there are
до (+ gen.)	as far as, up to	есть / съесть	to eat
До свида́ния!	Good bye!	е́хать / по-	to go (transport)
до сих пор	until now	ещё	still
добавля́ть / доба́вить	to add	ещё раз	again
до́брый	kind		
До́брое у́тро!	Good morning!	жа́ловаться / по-	to complain
До́брый ве́чер!	Good evening!	жаль	a pity

жа́реный	fried	за́падный	western
жа́ркий	hot	запасно́й	in reserve (adj.)
ждать / подожда́ть	to wait	запи́сывать / записа́ть	to note
же	but (emphatic)	за́пись (f.)	recording
жела́ние	desire	заплати́ть	see плати́ть
железнодоро́жный	railway (adj.)	заполня́ть / запо́лнить	to fill
желу́док	stomach	запомина́ть / запо́мнить	to remember
жена́	wife	запрещено́	it is forbidden
жена́т / жена́ты	married (man / couple)	зарпла́та	salary
жени́ться / по-	to marry (man or couple)	зарубе́жный	overseas (adj.)
же́нский	feminine	заставля́ть / заста́вить	to force (someone)
же́нщина	woman	зате́м	then
жёлтый	yellow	заходи́ть / зайти́	to call on (on foot)
жето́н	token	заче́м	for what reason
живо́т	abdomen, belly	заявле́ние	statement, application
жи́дкость (f.)	liquid	звать (imp.)	to call
жизнь (f.)	life	меня́ зову́т ...	I am called ...
жить (imp.)	to live	зверь (m.)	wild animal
жура́вль (m.)	crane (bird)	звони́ть / по-	to telephone
журна́л	magazine	звоно́к	a bell
журнали́ст	journalist	звук	a sound
		зда́ние	a building
за (+ acc.)	behind (movement)	здесь	here
за (+ instr.)	behind (place) / for	здоро́ваться / по-	to greet
за грани́цу	abroad (movement)	здоро́вье	health
забыва́ть / забы́ть	to forget	Здра́вствуйте!	Hello!
заверша́ть / заверши́ть	to complete	зе́бра	zebra
зави́сеть (imp.)	to depend on	зелёный	green
зави́симость (f.)	dependence	зима́	winter
заво́д	factory (cars etc.)	зи́мний	winter (adj.)
за́втра	tomorrow	зло	evil
за́втрак	breakfast	знако́мить / по-	to introduce (someone)
за́втракать / по-	to have breakfast	знако́миться / по-	to become acquainted
загада́ть (perf.)	to make a wish	знако́мый	known
загражде́ние	barrier	знать (imp.)	to know
задава́ть / зада́ть	to put (a question)	значе́ние	the meaning
зада́ча	a task	зна́чит, ...	that means ...
заде́рживаться / -жа́ться	to be delayed	зо́лото	gold
заде́ржка	delay	золото́й	of gold (adj.)
заду́мчивый	thoughtful	зо́на	zone
заезжа́ть / зае́хать за	to call on (transport)	зоопа́рк	zoo
заинтересова́ть	see интересова́ть	зуб	tooth
зайти́	see заходи́ть	зубно́й врач	dentist
зака́зчик	client		
зака́зывать / заказа́ть	to order (something)	и	and
зако́н	law	и т.д.	etc.
зако́нчить (perf.)	to finish (something)	игра́	game
зако́нчиться (perf.)	to come to an end	игра́ть / по-	to play
закрыва́ться / закры́ться	to close	игру́шка	toy
закры́т / -та / -то / -ты	closed	иде́я	idea
заку́ска	starter	идти́ / по-	to go (on foot)
зал	hall	идти́ (imp., + gen.)	to suit
заливно́й	in aspic	ие́на	yen
заме́тка	note	из (+ gen.)	from (out of)
заме́тен / -на / -но / -ны	noticeable	изве́стный	well known
за́мок	castle	Извини́те!	Excuse (me)!
за́муж	see вы́йти за́муж	изуча́ть / изучи́ть	to study
за́мужем	married (for a woman)	изуче́ние	the study (of something)
занима́ться / по-	to be occupied with	ико́на	icon
за́нят / -та́ / -то / -ты	busy, occupied	икра́	caviar
заня́тие	activity	и́ли	or
занима́ть / заня́ть	to occupy	и́мени ... (+ gen.)	in the name of ...
за́пад	west	и́менно	precisely

име́ть (imp.)	to possess	ка́рий	brown (eyes)
императи́в	imperative	ка́рта	map
и́мпорт	import	карти́на	picture
импрессиони́ст	impressionist	карто́фель (m.)	potato
и́мя	name	ка́рточка	card
инвали́д	invalid	карто́шка	potato
инвести́ровать (imp.)	to invest	карье́ра	career
индустриа́льный	industrial	каска́д	cascade
инжене́р	engineer	Каспи́йское мо́ре	Caspian sea
инициати́ва	initiative	ка́сса	cash desk
иногда́	sometimes	кассе́та	cassette
иностра́нец	foreigner	кафе́	café
иностра́нный	foreign	ка́чество	quality
инстру́кция	instruction	каю́та	cabin (on boat)
инструме́нт	instrument, tool	квадра́тный	square (adj.)
интере́сный	interesting	квалифика́ция	qualification
интересова́ть / за-	to interest	кварти́ра	flat
интересова́ться / за-	to be interested	квас	kvas
интерне́т	internet	с кем	see кто
инти́мный	intimate	кенгуру́	kangaroo
инфинити́в	infinitive	ке́пка	cap
инфля́ция	inflation	килогра́мм	kilogram
информа́ция	information	киломе́тр	kilometre
Ирла́ндия	Ireland	кинокри́тик	film critic
ирла́ндский	Irish	кинотеа́тр	cinema
иска́ть / по-	to look for	кио́ск	kiosk
исключе́ние	exception	Кита́й	China
и́скренний	sincere	кита́йский	Chinese
Испа́ния	Spain	кла́дбище	cemetery
испа́нский	Spanish	кларне́т	clarinet
испо́льзовать (imp + perf.)	to use	кла́ссика	a classical work
испуга́ть	see пуга́ть	класси́ческий	classical
истори́ческий	historical	класть / положи́ть	to put
исто́рия	history	клие́нт	client
исчеза́ть / исче́знуть	to disappear	кли́мат	climate
Ита́лия	Italy	кло́ун	clown
италья́нский	Italian	клуб	club
их	their	ключ	key
их / им / ими / о них	them / to them (etc.)	кни́га	a book
ию́ль (m.)	July	кни́жный	of books (adj.)
ию́нь (m.)	June	коали́ция	coalition
		когда́	when
йо́га	yoga	кого́	see кто
йо́гурт	yoghurt	ко́е-каки́е	some
		колбаса́	salami sausage
к	towards	коле́но	knee
к нам	to our place	колле́га	colleague
каби́на	booth	коллекти́вный	collective (adj.)
кабине́т	office	колле́кция	collection
каза́к	Cossack	кольцево́й	ring, circle (adj.)
казачо́к	kazachok (dance)	кольцо́	a ring
ка́ждый	each	о ком	see кто
ка́жется ...	it seems that ...	командиро́вка	business trip
как	how	коми́ссия	committee
Как дела́?	How are things?	комите́т	committee
Как жаль!	What a pity!	комме́нта́рий	commentary
како́в / -ова́ / -ово́ / -ова́	what (is)	комме́рческий	commercial
како́й...?	which ...?	коммуникати́вный	communicative
календа́рь (m.)	calendar	коммуни́ст	communist
калькуля́тор	calculator	ко́мната	room
ка́мера хране́ния	left luggage office	компа́кт-диск	compact disk
кана́л	canal	компози́тор	composer
кани́кулы	holidays	компью́тер	computer

кому́	see кто	ку́пол	dome
конве́рт	envelope	куре́ние	smoking (noun)
конди́терский	confectionery (adj.)	кури́ть / по-	to smoke
кондиционе́р	air conditioner	куро́рт	resort
коне́чно	naturally	ку́хня	kitchen
ко́нкурс	competition		
консульта́нт	consultant	ла́вра	monastery
континента́льный	continental	Ла́дно!	Alright!, OK!
контраба́с	double bass	ла́мпа	lamp
контро́ль (m.)	control	Ла́сточкино гнездо́	Swallows' Nest
контра́кт	contract	латы́нь (f.)	Latin
конфере́нция	conference	лев	lion
конфе́та	a sweet	ле́вый	left
конча́ться / ко́нчиться	to be finished	лека́рство	medicine
конья́к	cognac	ле́кция	lecture
кооперати́в	a co-operative	леопа́рд	leopard
кооперати́вный	co-operative (adj.)	лес	forest
кора́бль (m.)	a ship	лет	see год
ко́рень (m.)	a root	лета́ть (imp.)	to fly (regularly etc.)
Коре́я	Korea	лете́ть / по-	to fly
коридо́р	corridor	ле́то	summer
кори́чневый	brown	лече́ние	treatment
коро́ткий	short	лёгкие	lungs
коро́че	shorter; in short	лётчик	pilot
ко́рпус	group of buildings	ли	whether
косме́тика	make-up	лимо́н	lemon
космона́вт	cosmonaut	лимо́нный	lemon (adj.)
ко́смос	Space	лингви́ст	linguist
костёр	fire (in the open air)	ли́ния	line
костю́м	suit	литерату́ра	literature
кот	cat	литр	lift
котле́та	burger, cutlet	лифт	litre
кото́рый	which, that, who	лице́й	lyceum, lycée
Кото́рый час?	What's the time?	лицо́	a face; a person
ко́фе (m.)	coffee	лови́ть / пойма́ть	to catch
край	region; edge	лови́ть ры́бу	to fish
краса́вица	a beautiful woman	ло́жа	box (in the theatre)
краси́вый	beautiful	ло́коть (m.)	elbow
Кра́сная Ша́почка	Little Red Riding-Hood	лотере́я	lottery
кра́сный	red	луна́	moon
кра́ткий	short	лу́чше	better; best (adv.)
креди́тный	credit (adj.)	лу́чший	better; best (adj.)
кремль (m.)	fortress, kremlin	лы́сина	bald patch
кре́пость (f.)	fortress	люби́мый	favourite
кре́сло	armchair	люби́ть / по-	to love
крике́т	cricket	любо́вник / -ница	lover
крите́рий	criterion	любо́вь (f.)	love
крова́ть (f.)	bed	лю́ди	people
крокоди́л	crocodile	лю́стра	chandelier
кро́ме (+ gen.)	apart from		
круг	circle	магази́н	shop
кру́пный	very large	май	May
Крым	Crimea	макаро́ны	macaroni
кто / кого́ / кому́ / кем / о ком		максима́льный	maximum (adj.)
	who, whom, (etc.)	мал / -ла́ / -ло́ / -лы́	(too) small (of clothes)
ксе́рокс	xerox	ма́ленький	small
Ку́ба	Cuba	ма́ло	little
куда́	where to	малообла́чный	with few clouds
культу́рный	cultural	ма́льчик	boy
купа́ться / ис-	to bathe, have a swim	ма́рка	a stamp
купе́	compartment	марке́тинг	marketing
купе́йный	with compartments	март	March
купи́ть	see покупать	маршру́т	route

масса́ж	massage	молоде́ц	good lad, good girl
материа́л	material	молодо́й	young
матро́с	sailor	моло́же	younger
мать (f.)	mother	молоко́	milk
маши́на	car; vehicle (incl. planes)	моме́нт	moment
машини́ст	train driver	монасты́рь (m.)	monastery
ме́бель (f.)	furniture	мо́ре	sea
ме́бельный	furniture (adj.)	морко́вь (f.)	carrot
медве́дь (m.)	bear	моро́з	frost
медици́нский	medical	моро́женое	ice cream
медпу́нкт	First Aid point	морско́й	of the sea (adj.)
ме́дный	bronze; copper (adj.)	москви́ч	Muscovite
медбра́т	male nurse	моско́вский	Moscow (adj.)
медсестра́	nurse	мото́р	engine
ме́жду (+ instr.)	between	мост	bridge
междунаро́дный	international	мочь / смочь	to be able to
мейл	email	муж	husband
мемора́ндум	memorandum	мужско́й	masculine
ме́неджер	manager	мужчи́на	man
ме́ньше	less	музе́й	museum
меню́	menu	му́зыка	music
меня́ (acc., gen. of я)	me	музыка́льный	musical (adj.)
меня́ть / по-	to change (something)	музыка́нт	musician
меня́ться / по-	to change (itself)	мы / нас / нам / на́ми	we / us / to us / with us
мерзлота́	see вечная мерзлота	мышело́вка	mousetrap
ме́рить / по-	to try on	мя́гкий	soft
ме́тод	method	мя́со	meat
ме́сто	place; a place		
ме́сяц	month	на (+ prep.)	on; at
метеорологи́ческий	meteorological	на (+ acc.)	to (movement)
метро́	metro	на са́мом де́ле	in fact
меха́ник	mechanic	на у́лице	outside; in the street
механи́ческий	mechanical	на́бережная	embankment
мечта́	dream (something you dream of doing, ambition)	наве́рно / наве́рное	probably
		наве́рх	upstairs (with movement)
мечта́ть о ...	to (day) dream of	наверху́	upstairs (no movement)
милиционе́р	policeman	над (+ instr.)	above
мили́ция	police	наде́лать (perf.)	to do (something wrong)
миллио́н	million	наде́яться (imp.)	to hope
миллионе́р	millionaire	на́до ...	it is necessary to ...
ми́лый	dear, kind	на́дпись (f.)	a sign, a notice
минера́льный	mineral	нажима́ть / нажа́ть	to squeeze, to click
мини́стр	minister	наза́д	back
ми́нус	minus	назва́ние	name (place or thing)
мину́та	minute	назначе́ние	destination
Мину́точку!	Just a minute!	называ́ть / назва́ть	to name (place or thing)
мир	world / peace	называ́ться (imp.)	to be called
мирово́й	world (adj.)	найти́	see находить
ми́тинг	demonstration	наказа́ние	punishment
мне (dative of я)	for me; to me	наконе́ц	at last
мне́ние	opinion	нале́во	to the left
мно́гие	many (people)	нало́г	tax
мно́го	much, many	нам / на́ми	see мы
мно́жественный	plural	напеча́тать	see печатать
мно́жество	large number, multitude	написа́ть	see писать
со мной (instr. of я)	with me	напи́ток	a drink
мо́да	fashion	направле́ние	direction; appointment (doctor)
моде́ль (f.)	model	напра́во	to the left
мо́дный	fashionable	наприме́р	for example
мо́жет быть	perhaps	напро́тив	opposite
мо́жно	it is possible	нарисова́ть	see рисовать
мой / моя́ / моё / мои	my	нарко́тик	drug / drugs
мо́йка	washing (e.g. of cars)	наро́д	people / nation

народный	national
нас	see мы
население	population
настоящий	real / present (time)
натуральный	natural
научный	scientific
находить / найти	to find
находиться (imp.)	to be situated
национальный	national
начальная школа	primary school
начало	beginning
начинать / начать	to begin something
начинаться / начаться	to begin
наш	our
не	not
Не надо!	Don't!
Не за что!	Don't mention it!
небольшой	small
невоспитанный	uneducated
Невский проспект	Nevsky Prospect
недавно	recently
недалеко	nearby
неделя	week
независимость (f.)	independence
некоторые	some, certain (pl.)
некрасивый	ugly
нельзя	one must not
немец	a German
немецкий	German
немного	a bit
немножко	a bit
необитаемый	uninhabited
необходимый	essential
неплохой	not bad, good
непобедимый	invincible
неправда	not true; an untruth
несколько	several
нет	no
нефть (f.)	oil
неужели ... ?	surely not ...?
нечётный	odd, uneven
ни ... ни ...	neither ..., nor ...
нигде	nowhere (place)
ниже	lower
низкий	low (adj.)
никогда	never
никто, никого etc.	no one
никуда	nowhere (motion)
Ничего!	Alright!
ничто, ничего etc.	nothing
но	but
новости (f.)	news
новый	new
нога	leg, foot
ноль (m.)	zero
номер	number ; hotel room
нормально	normally, OK
нормальный	normal
нос	nose
носить (imp.)	to wear; to carry (reg.)
носок	sock
ночной	night (adj.)
ночь (f.)	night

ноябрь (m.)	November
нравиться / по-	to please
Ну!	Well!
нужно ...	it is necessary to ...
нужный	necessary
о / об (+ prep.)	about
обед	lunch, main meal
обедать / по-	to have lunch
обезьяна	monkey
обещание	promise
обещать / по-	to promise
областной	regional
область (f.)	oblast', region; field of work
облачный	cloudy
обмен	exchange
обменный	exchange (adj.)
обнимать / обнять	to embrace
образ	image
образец	example ; model
образоваться (perf. + imp.)	to form
обратно	back
обратный	return (adj.)
обращать / обратить внимание	to pay attention
обслуживание	service
обслуживать / -ить	to serve (restaurant etc.)
обсуждать / обсудить	to discuss, to judge
обувь (f.)	footwear
обучение	study programme
общественный	social, public (adj.)
объект	object
объявление	announcement
объяснять / объяснить	to explain
объяснение	explanation
обычный	usual
овощи	vegetables
огород	vegetable garden
огромный	huge
одеваться / одеться	to get dressed
одежда	clothes
одет / -та / -ты в	dressed in
одеться	see одеваться
один	one (the number) ; alone
одиннадцать	eleven
однажды	one day, once
однако	however
однокомнатный	one-room (adj.)
одноместный	single (room etc)
ожидание	waiting (noun)
ожидать (imp.)	to expect
озеро	lake
океан	ocean
окно	window
около (+ gen.)	near to; approximately
окончание	ending
окоп	trench
окрошка	clear soup (cold)
октябрь (m.)	October
он / она / оно	he, she, it
они	they
опаздывать на / опоздать на	to be late for / to miss

опа́сный	dangerous
о́пера	opera
опера́ция	operation
опери́ровать / про-	to operate (med.)
опи́сывать / описа́ть	to describe
опла́та	payment
опозда́ть на	see опа́здывать
определённый	defined
опро́с	questionnaire
о́птовый	wholesale
оптими́ст	optimist
опуска́ть / опусти́ть	to let fall, to lower
орга́н	organ (instrument)
о́рган	organ (part of body)
организа́ция	an organisation
организова́ть (imp.)	to organise
оригина́л	an original
орке́стр	orchestra
ору́жие	weapon; armaments
освобожда́ть / -ди́ть	to liberate
о́сень (f.)	Autumn
осетри́на	sturgeon
осма́тривать / осмотре́ть	to examine
осно́вывать / основа́ть	to found
основно́й	basic
осо́бенно	specially
осо́бый	particular
оставля́ть / оста́вить	to leave
остана́вливаться / останови́ться	to stop, to stay
остано́вка	a stop (bus etc.)
осторо́жно	carefully
о́стров	island
о́стрый	sharp
осуществля́ть / -ви́ть	to fulfil, carry out
от (+ gen.)	from
отвезти́	see отвози́ть
отве́т	a reply
отвеча́ть / отве́тить	to reply
отвози́ть / отвезти́	to carry away (transp.)
отдава́ть / отда́ть	to give away
отде́л	section, department
отделе́ние	section
отде́лка	decor
о́тдых	a rest, holiday
отдыха́ть / отдохну́ть	to rest, have a holiday
оте́ц	father
оте́чественный	of the fatherland (adj.)
открыва́ть / откры́ть	to open (something)
открыва́ться / откры́ться	to open (itself)
откры́тка	postcard
откры́тый	open
отку́да	from where
отли́чный	excellent
отлёт	departure (plane)
отменя́ть / -и́ть	to abolish; postpone
отойти́	see отходи́ть
отосла́ть	see отсыла́ть
отпра́влен	sent
отправле́ние	departure (train, etc.)
отправля́ть / -а́вить	to send (letter, etc)
отправля́ться / -а́виться	to depart
о́тпуск	leave from work; holiday
отры́вок	extract (from poem etc.)
отсро́чка	postponement
отсыла́ть / отосла́ть	to send off
отсю́да	from here
отту́да	from there
отходи́ть / отойти́	to go away (by foot)
о́тчество	patronymic
отъе́зд	departure (transport)
о́фис	office
официа́нт /-ка	waiter / waitress
о́чень	very
о́чередь (f.)	a queue, a turn
по о́череди	in turn
очки́ (m. pl.)	glasses
оши́бка	mistake
паб	pub
паде́ж	case (gram.)
па́лец	finger; toe
пальто́	coat
па́мятник	monument
па́ра	pair
пара́д	parade
парк	park
парте́р	stalls (in theatre)
парфюме́рия	perfume shop
па́спорт	passport
па́спортный	passport (adj.)
пассажи́р	passenger
па́уза	pause
пацие́нт	a patient
пельме́ни	pel'meni (small filled dumplings)
пеницилли́н	penicillin
пенсионе́р / -ка	pensioner
пе́рвый	first
перево́д	translation; money transfer
перево́дчик	translator; interpreter
перево́зка	transportation
пе́ред (+ instr.)	before; in front of
переде́лать (perf.)	to redo
переду́мать (perf.)	to change one's mind
перезвони́ть (perf.)	to ring back
переименова́ть (perf.)	to rename
перелета́ть / перелете́ть	to fly over
переночева́ть (perf.)	to spend the night
переплати́ть (perf.)	to pay too much
перепу́тать	see пу́тать
переса́дка	connection (transport)
перестава́ть / переста́ть	to stop (doing something)
перестро́йка	perestroika
переу́лок	side street
перехо́д	passage
пери́од	period
персона́л	personnel
перча́тка	glove
пе́сенник	songbook
пе́сня	song
петь / спеть	to sing
печа́лить / о-	to sadden
печа́ль (f.)	sadness
печа́льный	sad

печáтать / на-	to print
пешкóм	by foot
пианúно	piano (upright)
пúво	beer
час пик	rush hour
пингвúн	penguin
пирóг	pie
пирожóк	small pie
писáтель / -ница	writer
писáть / на-	to write
письмó	letter (post)
питáние	feeding ; meals
пить / вы-	to drink
плáвать (imp.)	to swim, sail (regularly)
плáвучий	floating
план	plan / map
планúровать / за-	to plan
планéта	planet
платúть / за-	to pay
платфóрма	platform
плáтье	a dress
плацкáрта	reserved seat (train)
плащ	raincoat
племя́нник	nephew
племя́нница	niece
плúтка	bar (of chocolate)
плóхо	badly
плохóй	bad
плóщадь (f.)	square (in town) ; area
плыть / по-	to swim, sail
плюс	plus
по (+ dative)	along etc
по (+ accusative)	until, up to (with years)
по пóводу	concerning
по-англúйски	in English
по-мóему	in my opinion
по-прéжнему	as before
побéда	victory
победúтель (m.)	winner, victor
побóльше	a bit more
(мне) повезлó	(I) was lucky
повидáть	see видáть
вóинская повúнность	military service
поговорúть	see говорúть
погóда	weather
погуля́ть	see гуля́ть
под (+ instr.)	under (position)
под (+ acc.)	under (motion)
подарúть	see дарúть
подáрок	a present, gift
подбородóк	chin
Подвóлжье	Volga region
поддéрживать / -жáть	to maintain
подмоскóвный	Moscow region (adj.)
поднимáться / подня́ться	to go up
подождáть	see ждáть
подпúска	subscription
пóдпись (f.)	signature
подрýга	friend (female)
подýмать	see дýмать
подходúть / подойтú к	to approach
пóезд	train

пóезд дáльнего слéдования	long distance train
поéздка	journey
поéхать	see éхать
пожáлуйста	please
пожáр	fire (forest or building)
пожилóй	elderly
позвонúть	see звонúть
пóздно	it is late
поздорóваться	see здорóваться
пóзже	later
познакóмить	see знакóмить
познакóмиться	see знакóмиться
поймáть	see ловúть
пойтú	see идтú
покá	while
Покá!	Cheerio!
покáзывать / показáть	to show
покрéпче	stronger
покупáтель (m.)	customer
покупáть / купúть	to buy
покурúть	see курúть
пол	floor ; gender
пол-	half-
полетéть	see летéть
полёт	flight
пóливитамúны	multivitamins
поликлúника	medical centre
полúтика	politics
политúческий	political
пóлка	shelf
пóлночь (f.)	midnight
пóлный	full
половúна	a half
положúть	see класть
полторá	one and a half
полуóстров	peninsular
получáть / -úть	to receive
полчасá	a half hour
пóльзоваться / вос-	to use
Пóльша	Poland
поменя́ть	see меня́ть
помéрить	see мéрить
помидóр	tomato
пóмнить / вс-	to remember
помогáть / помóчь	to help
пóмощь (f.)	help
понедéльник	Monday
понимáть / поня́ть	to understand
понрáвиться	see нрáвиться
поня́тно	understood
пообéдать	see обéдать
пообещáть	see обещáть
поп-мýзыка	pop music
попáсть в (perf.)	to arrive, turn up in
поплы́ть	see плыть
попóзже	a bit later
попрóбовать	see прóбовать
попросúть	see просúть
попрощáться	see прощáться
популя́рный	popular
порá ...	it is time to ...
порóда	a breed

поро́й (poetic)	from time to time	прибыва́ть / прибы́ть	to arrive (train etc.)
порт	port	прибы́тие	arrival
портати́вный	portable	Приве́т!	Hi !
портре́т	portrait	приве́тливый	welcoming
Португа́лия	Portugal	приве́тствие	greeting
поря́док	order	приве́тствовать / по-	to welcome
в поря́дке	in order	приглаша́ть / -си́ть	to invite
поско́льку	to the extent that	при́городный	suburban
посла́ть	see посыла́ть	(мне) придётся	I shall have to
по́сле (+ gen.)	after	приду́мать (perf.)	to think up
после́дний	the last (last bus etc.)	приезжа́ть / прие́хать	to arrive (transport)
посло́вица	proverb	приём	reception
послу́шать	see слушать	прийти́	see приходить
посмотре́ть	see смотреть	прилага́тельное	adjective
постара́ться	see стараться	прилежа́ть / приле́чь с	to lie down with
посте́ль	bed	прилета́ть / прилете́ть	to arrive (plane)
постро́ить	see строить	прилёт	flight arrival
поступи́ть в (perf.)	to start (school etc.)	приме́р	example
посу́да	crockery	принадлежа́ть (imp.)	to belong
посыла́ть / посла́ть	to send	принима́ть / приня́ть	to accept;
посы́лка	postal packet		to take (a shower)
потанцева́ть	see танцевать	приноси́ть / принести́	to bring (on foot)
потепле́ние	warming	при́нтер	printer
потеря́ть	see терять	приро́да	nature
пото́м	then	приходи́ть / прийти́	to arrive (on foot)
потому́ что	because	причи́на	reason
потра́тить	see тратить	прия́тный	pleasant
похо́ж / -а / -е / -и	(looks) like	приня́ть	see принимать
похоро́нен	is buried	про себя́	to oneself
почему́	why	пробле́ма	problem
по́чта	the post, post office	про́бовать / по-	to try, try out
почтальо́н	postman	проведённый	which took place
почто́вый	postal, post (adj.)	проверя́ть / прове́рить	to check
поэ́ма	long poem	проводи́ть / провести́	to spend (time)
поэ́т	poet	провинциа́льный	provincial
поэ́тому	therefore	проводни́к / проводни́ца	conductor (train)
появля́ться / появи́ться	to appear	провожа́ть / проводи́ть	to see off
прав / -ва́ / -во / -вы	right	прогно́з	a forecast
пра́вда	truth	програ́мма	programme
пра́вда?	isn't it?	программи́ст	programmer
пра́вило	a rule	progра́ммка	theatre programme
пра́вильный	correct	продава́ть / прода́ть	to sell
прави́тельство	government	продаве́ц / -щи́ца	salesman / saleswoman
правосла́вный	orthodox (religion)	прода́жа	sale
пра́здник	public holiday; festival	продово́льственный	food (adj. of shops)
пра́ктика	practice	продолже́ние	continuation
превыша́ть / превы́сить	to exceed	проду́кты	food products
предыду́щий	preceding	прое́зд	journey
предложе́ние	proposal ; sentence	проездно́й (билет)	season ticket
предло́жный	prepositional	проезжа́ть / прое́хать	to go past (transport)
предме́т	object	прое́кт	project
предприя́тие	company, organisa-	произведённый	produced
tion		произво́дственный	production (adj.)
представи́тель (m.)	representative	произво́дство	production
президе́нт	president	производя́щий	producing
прекра́сный	wonderful	пройти́	see проходить
прекраща́ться / -ти́ться	to cease	пролета́рий	proletarian, worker
преподава́тель / -ница	teacher (college)	пролета́ть / пролете́ть	to fly by
преподава́ть (imp.)	to teach	проопери́ровать	see оперировать
преступле́ние	crime	про́пуск	a pass
престу́пник	criminal	пропу́щенный	missed out
при (+ prep.)	in the presence of	проси́ть / по-	to ask for
при вы́ходе	on exiting	прослу́шать	see слушать

проспе́кт	avenue	расска́зывать / -сказа́ть	to tell
Прости́те!	Sorry!	расстро́йство	disturbance
про́сто	simply	реакти́вный	jet (adj.)
противополо́жный	opposite	ребёнок	a child
противота́нковый	anti-tank	революционе́р	a revolutionary
профессиона́льный	professional (adj.)	револю́ция	revolution
профе́ссия	profession	региона́льный	regional
проходи́ть / пройти́	to go past (on foot)	регистра́тор	receptionist
прохо́жий / прохо́жая	passer-by	регистра́ция	registration
проце́нт	percentage	регуля́рный	regular
прочита́ть	see чита́ть	реда́ктор	editor
проше́дший	past (adj.)	ре́дко	rarely
про́шлый	last (e.g. last week)	ре́зкий	sharp; abrupt
проща́ние	a farewell	рейс	flight
проща́ться / по-	to say goodbye	река́	river
пры́гать / пры́гнуть	to jump	рекла́ма	advertisement
пря́мо	straight on	рекомендова́ть / по-	to recommend
пу́блика	the public	религио́зный	religious
пуга́ть / испуга́ть	to frighten	ремо́нт	repair
пункт	point	рентге́н	x-ray
пу́тать / перепу́тать	to muddle	реставрацио́нный	restoration (adj.)
путеше́ствие	journey	рестора́н	restaurant
путь (m.)	way; track	реце́пт	prescription; recipe
пье́са	a play	речно́й	river (adj.)
пятидеся́тый	fiftieth	речь (f.)	speech
пятна́дцатый	fifteenth	реша́ть / реши́ть	to decide
пятна́дцать	fifteen	реше́ние	decision
пя́тница	Friday	Рим	Rome
пя́тый	fifth	рисова́ть / на-	to draw
пять	five	рису́нок	a drawing
пятьдеся́т	fifty	род	sort; gender
пятьсо́т	five hundred	роди́тель (m.)	parent
		роди́тельный	genitive
рабо́та	work	роди́ться (perf.)	to be born
рабо́тать / по-	to work	ро́дственник	relation
рабо́тник	worker	рожде́ние	birth
рад / ра́да / ра́ды	glad	Рождество́	Christmas
радиа́тор	radiator	ро́за	rose
ра́дио	radio	ро́зовый	pink
раз	time; one (counting)	ро́зничный	retail
ра́зве!	surely not!	ролево́й	rôle (adj.)
развива́ть / разви́ть	to develop	роль (f.)	rôle
разгова́ривать (imp.)	to talk	рома́н	novel
разгово́р	conversation	рома́нс	romance
разгово́рный	conversational	романти́чный	romantic
разго́н	acceleration	росси́йский	Russian
разли́чный	different	Росси́я	Russia
разме́р	size	рост	size; growth
разнообра́зный	varied	рот	mouth
ра́зный	various	роя́ль (m.)	grand piano
разрешено́	it is allowed	руба́шка	shirt
разруша́ть / разру́шить	to destroy	рубль (m.)	rouble
разы́грывать / разыгра́ть	to play (a rôle)	рука́	arm; hand
райо́н	region	ру́сский	Russian
раке́та	rocket	ру́чка	handle; pen
ра́ковый	cancer (adj.)	ручно́й	hand (adj.)
ра́но	early	ры́ба	fish
ра́ньше	earlier	рыба́лка	fishing trip
распа́д	break up, collapse	рыболо́в	fisherman
расписа́ние	timetable	ры́жий	ginger (hair)
расположе́ние	disposition	ры́нок	market
в распоряже́нии	at the disposition of	ры́ночный	market (adj.)
распределе́ние	distribution	ряд	series; row

ря́дом с (+ instr.)	next to	сестра́	sister
с (+ instr.)	with	сесть	see садиться
с (+ gen.)	from	сеть (f.)	network
сад	garden	Сиби́рь (f.)	Siberia
сади́ться / сесть	to sit down	сиби́рский	Siberian
сайт	site	сигаре́та	cigarette
саксофо́н	saxophone	сиде́ть / по-	to be sitting
сала́т	salad	си́льный	strong
сам / сама́ / са́ми	oneself etc.	си́мвол	symbol
самолёт	plane	симпати́чный	nice, pleasant (person)
самообслу́живание	self-service	симфо́ния	symphony
самопрове́рка	self test	си́ний	dark blue
самостоя́тельный	independent	систе́ма	system
са́мый ...	the most ...	ска́зано	stated
санита́рный	sanitary	сказа́ть	see говорить
сапо́г (pl. сапоги́, g. pl. сапо́г)	boot	ска́зка	fairy tale
са́уна	sauna	ско́лько	how much, many
са́хар	sugar	ско́рая по́мощь	ambulance service
сбо́рная (кома́нда)	national team	Скоре́е!	Quick!
сва́дебный	wedding (adj.)	ско́ро	soon
сва́дьба	wedding	ско́рость (f.)	speed
сведе́ние	piece of information	скри́пка	violin
све́жий	fresh	скро́мный	modest
сверхзвуково́й	supersonic	ску́чный	boring
свет	light; the world	сла́виться (imp.)	to be famous for
свети́ть / по-	to shine	сла́дкий	sweet
све́тлый	bright, clear	следи́ть за	to watch; to follow
свида́ние	a meeting (lovers etc)	сле́дование	see поезд
сви́нка	mumps	сле́довать / по-	to follow
сви́тер	pullover	сле́дующий	following
свобо́дный	free	слова́рь (m.)	dictionary
свой / своя́ / своё / свои́	one's own, etc.	сло́во	word
свя́зан / -на / -но / -ны	connected	словосочета́ние	collocation
свято́й	holy; a saint	сло́жный	complicated
сдава́ть (imp.)	to take (an exam)	слон	elephant
сдать (perf.)	to pass (an exam)	слу́жащий	employee
сде́ланный	made	слу́жба	service
сде́лать	see делать	служи́ть (imp.)	to serve
себя́	oneself	случа́ться / случи́ться	to happen
се́вер	north	случи́вшееся	that which happened
се́верный	north (adj.)	случи́ться	see случаться
сего́дня	today	слу́шать / по-	to listen
сего́дняшний	today's (adj.)	слы́шать / у-	to hear
седо́й	grey (hair)	слы́шно	audible
сейча́с	now	смерть (f.)	death
Сейча́с!	Just a moment!	смотре́ть / по-	to look at
селёдка	herring	смочь	see мочь
секре́т	secret	СМС	text message
секрета́рь	secretary	снача́ла	at first
секрета́рша	secretary (f.)	снег	snow
сельскохозя́йственный	agricultural	сне́жный	snowy
семе́йный	family (adj.)	сно́ва	again
семина́р	seminar	собира́ть / собра́ть	to collect
семина́рия	seminary	собира́ться / собра́ться	to get together;
семна́дцать	seventeen		to get ready for
семь	seven	собо́р	cathedral
се́мьдесят	seventy	соверша́ть / соверши́ть	to undertake
семья́	family	сове́тник	adviser
сентя́брь (m.)	September	сове́тский	Soviet
се́рдце	heart	совреме́нный	modern
сертифика́т	certificate	совсе́м	quite
се́рый	grey	согла́сен / -на / -но / -ны	in agreement
серьёзный	serious	содержа́ние	the content

соединя́ться / -и́ться	to join together
сожале́ние	sympathy
к сожале́нию	unfortunately
сожале́ть (imp.)	to sympathise
создава́ть / созда́ть	to create
сойти́	see сходи́ть
сок	juice
солда́т (g. pl. солда́т)	soldier
соли́дный	respectable
со́лнце	sun
соля́нка	soup with ingredients that include pickled or salted vegetables
соля́рий	solarium
сообща́ть / сообщи́ть	to inform
сообще́ние	message
со́рок	forty
соро́чка	shirt
сосе́д	neighbour
составля́ть / соста́вить	to make up ; to put together
со́тый	hundredth
социо́лог	sociologist
сочине́ние	essay
спа́льный ваго́н	sleeping carriage
спа́льня	bedroom
спаси́бо	thank you
спать / по-	to sleep
спекта́кль (m.)	a show
специали́ст	specialist
специа́льность (f.)	speciality
специа́льный	special
специ́фика	conditions
спецтра́нспорт	special transport
спецшко́ла	special school
спиртно́й	alcohol (adj.)
спи́сок	a list
Споко́йной но́чи!	Good night!
спо́нсор	sponsor
спорт	sport
спортсме́н /-ка	sportsman / woman
спра́шивать / спроси́ть	to ask (a question)
спу́тник	sputnik
сра́зу	straight away
среда́	Wednesday
сре́дний	average
сре́дняя шко́ла	secondary school
срок	length of time
сро́чный	urgent
ссы́лка	exile
стадио́н	stadium
стака́н	a glass
станда́ртный	standard
станови́ться / стать (+ instr.)	to become
ста́нция	small station
ста́рше	older
ста́рый	old
стати́стика	statistics
ста́тус	status
стать	see станови́ться
стать (+ inf.)	to start (doing something)
стекло́	glass
стена́	wall

сте́рлинг	sterling
стиль (m.)	style
стихи́ (pl.)	verse
стихотворе́ние	poem (short)
сто	hundred
сто́ить (imp.)	to cost
стол	table
сто́лик	small table or restaurant table
столи́ца	capital city
столо́вая	canteen, dining room
стоя́нка	parking place
стоя́ть / по-	to be standing
страна́	country
стра́шный	frightening, terrible
страни́ца	page
строи́тельство	building (work)
стро́ить / по-	to build
стро́иться / по-	to be built
студе́нт / -ка	student
стул	chair
стюарде́сса	stewardess
суббо́та	Saturday
сувени́р	souvenir
су́мка	bag
су́мма	sum
суп	soup
суперма́ркет	supermarket
существи́тельное	noun
схе́ма	plan, map
сходи́ть / сойти́	to get off, get down
счастли́вый	happy
счёт	bill
счита́ть / по-	to consider
счита́ть / про-	to count
США	USA
съесть	see есть
сын	son
сыр	cheese
сюрпри́з	a surprise
таба́к	tobacco
табле́тка	tablet
табло́	display board
так	so / in this way
та́кже	also
тако́й	such
такси́	taxi
таксофо́н	public phone box (old style)
тало́н / тало́нчик	coupon
там	there
тамо́женный	customs (adj.)
тамо́женник	customs officer
тамо́жня	customs
та́нец	a dance
танцева́ть / по-	to dance
танцо́р / танцо́вщица	dancer (m. / f.)
тарака́н	cockroach
твёрдый	hard, firm
твист	twist (the dance)
твой	your
те	those

теа́тр	theatre	Тро́ица	Trinity
текст	text	тро́йка	three horse sled
телеба́шня	television tower	тролле́йбус	trolley bus
телеви́дение	television (service)	тромбо́н	trombone
телеви́зор	television set	труба́	trumpet
телегра́мма	telegram	труд	labour
телегра́ф	telegraph office	тру́дно	it is difficult
те́лекс	telex	туале́т	toilet
телесту́дия	television studio	туда́	(to) there
телефо́н	telephone	тума́н	fog, mist
те́ло	body	тур	tour
температу́ра	temperature	тури́зм	tourism
те́ннис	tennis	тури́ст	tourist
тепе́рь	now	туристи́ческий	tourist (adj.)
тепло́ (n.)	heat, warmth	Ту́рция	Turkey
тепло́ (adv.)	it is warm	ту́фля	town shoe
тёплый	warm	ты	you (familiar and singular)
теплохо́д	oil fired steamer	ты́сяча	thousand
терапе́вт	therapist	тяжёлый	heavy
терминоло́гия	terminology		
террито́рия	territory	у (+ gen.)	next to;
террори́ст	terrorist		in the possession of
теря́ть / по-	to lose	у вас	you have; at your home
техни́ческий	technical	у меня́	I have; at my home
тече́ние	a current	убежде́ние	conviction
те́хника	technology	убива́ть / уби́ть	to kill
техни́ческий	technical	головно́й убо́р	headwear
тигр	tiger	уважа́ть (imp.)	to respect
тип	type	уваже́ние	respect
типи́чный	typical	Уважа́емый ...	Respected... (start of letter)
ти́хий	quiet, silent	С уваже́нием!	With respect! (end of letter)
Ти́хий океа́н	Pacific Ocean	уве́ренный	sure, certain
ти́ше	quieter	уви́деть	see ви́деть
то есть ...	that is ...	уви́деться	see ви́деться
Если ..., то ...	If ..., then ...	у́гол	corner
това́р	goods	удаля́ть / улали́ть	to get rid of
тогда́	then	ударе́ние	stress (mark)
то́же	also	удивля́ть / удиви́ть	to surprise
то́лько	only	удо́бный	comfortable, convenient
тома́тный	tomato (adj.)	удо́бство	convenience, facility
то́нна	ton	удово́льствие	pleasure
торго́вля	trade (noun)	уезжа́ть / уе́хать	to go away (transport)
торго́вый	commercial, trade (adj.)	уже́	already
то́чно	exactly	у́жин	supper
то́чность (f.)	precision	узнава́ть / узна́ть	to recognise; find out
тошни́ть (imp.)	to make sick	уике́нд	weekend
меня́ тошни́т	I feel sick	уко́л	injection
трава́	grass, herb	Украи́на	Ukraine
традицио́нный	traditional	улета́ть / улете́ть	to fly away
тради́ция	tradition	у́лица	street
трамва́й	tram	уменьша́ться / -иться	to become less, smaller
транзи́т	transit	уме́ть (imp.)	to be able to
трансатланти́ческий	transatlantic	умира́ть / умере́ть	to die
тра́нспорт	transport	у́мный	clever
транссиби́рский	Trans Siberian	универма́г	department store
тра́тить / ис-	to spend	универса́льный	universal
трево́жить / вс-	to worry (someone)	университе́т	university
тре́тий	third	уника́льный	unique
три	three	упражне́ние	exercise
три́дцать	thirty	Ура́л	the Urals
трикота́ж	knitwear	уро́к	lesson
трина́дцать	thirteen	усло́вие	condition
три́ста	three hundred	услу́га	service

услы́шать	see слышать	холо́дный	cold
успе́х	success	хор	choir
устано́вка	installation	хоро́ший	good
устра́ивать / устро́ить	to arrange; to suit	хорошо́	well; it is good
усы́ (m. pl.)	moustache	хоте́ть / за-	to want
у́тро	morning	хотя́	although
у́тром	in the morning	храм	temple
у́хо (pl. у́ши)	ear	хране́ние	see ка́мера хране́ния
уходи́ть / уйти́	to go away (by foot)	хруста́ль (m.)	crystal
уча́стник	participant	худо́жественный	art (adj.)
уче́бник	textbook	ху́же	worse
уче́бный	training (adj.)		
учи́ться / на-	to study; to learn	царь (m.)	tsar
учрежде́ние	institution, organisation	цвет	colour
у́ши	see у́хо	цвето́к (pl. цветы́)	a flower
Уэ́льс	Wales	цветно́й	colour (adj.)
		цветы́	see цвето́к
фа́брика	factory (light goods)	це́лый	whole, intact
факс	fax	цена́	price
факт	fact	центр	centre
фальши́вый	false	центра́льный	central
фами́лия	surname	це́рковь (f.)	church
фарфо́р	porcelain	цирк	circus
февра́ль (m.)	February	ци́фра	a number
федера́ция	federation	цыплёнок	young chicken
фе́рма	a farm		
фи́зик	physicist	чай	tea
фило́соф	philosopher	час	hour ; one o'clock
финн / фи́нка	a Finn	час пик	rush hour
Финля́ндия	Finland	часово́й по́яс	time zone
фи́нский	Finnish	ча́стный	private
фи́рма	a firm, company	ча́сто	often
флаг	flag	часть (f.)	part
фле́йта	flute	часы́	clock, a watch
флот	fleet	ча́ще	more often
фойе́	foyer	чего́ / чему́ / чем	see что
фонта́н	fountain	чей / чья / чьё / чьи	whose
фо́рма	form / uniform	чек	a receipt
фотоаппара́т	camera	челове́к	a person
фотогра́фия	photograph	челове́ческий	human
фотоко́пия	photocopy	чем	than / see что
фра́за	phrase	чемода́н	suitcase
Фра́нция	France	чемпио́н	champion
францу́женка	Frenchwoman	че́рез (+ acc.)	through ; in (period of time)
францу́з	Frenchman	четве́рг	Thursday
францу́зский	French	че́тверть (f.)	quarter
по-францу́зски	in French	четвёртый	fourth
фрукт	fruit	четы́ре	four
фрукто́вый	fruit (adj.)	четы́рнадцать	fourteen
функциони́ровать	to function, operate	четырёхме́стный	four-berth (adj.)
фунт	pound (weight or £)	четырёхпа́лубный	with four decks (adj.)
футбо́л	football	чёрный	black
футболи́ст	footballer	чётный	even (adj.)
		число́	number ; date
хи́мик	chemist (scientist)	чистота́	cleanliness
хиру́рг	surgeon	чита́льный зал	reading room
хи́щный	wild, savage	чита́ть / про-	to read
хлеб	bread	чте́ние	reading
ход	course, turn	что	that
ходи́ть	to go (by foot, regularly)	что / чего́ / чему́ / чем / о чём?	
хозя́йство	economy		what? etc.
холоди́льник	refrigerator	что́-нибудь	anything
хо́лодно	it is cold	что́-то	something

Что тако́е ...?	What is ...?	экза́мен	examination
что́бы	in order to	эконо́мика	economy
чу́вствовать / по-чу́лок	to feel	экономи́ст	economist
чуло́к	stocking	экра́н	screen
чьё / чья / чьи	see чей	экску́рсия	excursion
шампа́нское	champagne	экскурсово́д	guide
ша́пка	fur hat	экспе́рт	expert
шарф	scarf	экспорти́ровать (imp. + perf.)	
ша́хматы	chess		to export
швед	a Swede	электри́ческий	electric
шве́дский	Swedish	электри́чество	electricity
Шве́ция	Sweden	электри́чка	electric train
шве́йный	sewing (adj.)	электро́нный	electronic
Швейца́рия	Switzerland	эскала́тор	escalator
шестидеся́тый	sixtieth	эта́ж	storey
шестна́дцатый	sixteenth	э́тот / э́та / э́то / э́ти	this, these
шестна́дцать	sixteen	эффе́кт	effect
шесто́й	sixth		
шесть	six		
шестьдеся́т	sixty	ю́ань	yuan (Chinese currency)
ше́я	neck	ю́бка	skirt
широ́кий	wide	ювели́рный	jewellery (adj.)
шко́ла	school	юг	south
шля́па	hat	ю́жный	southern
шокола́д	chocolate	ю́ноша (m.)	a youth
шокола́дный	chocolate (adj.)	юри́ст	lawyer
Шотла́ндия	Scotland		
шпио́н	spy	я	I
шприц	hypodermic needle	явля́ться (imp.)	to be (formal / technical)
шту́ка	a piece	я́года	berry
		язы́к	language ; tongue
щека́	cheek (face)	языково́й	linguistic
щено́к	puppy	янва́рь (m.)	January
щи	cabbage soup	Япо́ния	Japan
		ярлы́к	label
		я́рус	circle (in the theatre)
		я́сно	it is clear
		я́щик	box, case

Ру́сский алфавит

а	б	в	г	д	е	ё	ж	з	и	й
к	л	м	н	о	п	р	с	т	ф	
х	ц	ч	ш	щ	ъ	ы	ь	э	ю	я